A INCRÍVEL
Revelação do
AMOR

David Alsobrook
A INCRÍVEL Revelação do AMOR

Atos

A461	Alsobrook, David
	A incrível revelação do amor / David Alsobrook; tradução de Cristiane Bernadete de Jesus. – Belo Horizonte: Editora Atos, 2011.
	224 p.
	Título original: Learning to love.
	ISBN 978-85-7607-125-9
	1. Cristianismo. 2. Amor ágape - Aspectos religiosos. I. Título
CDU: 231.11	CDD: 212.1

Copyright © by David Alsobrook
Copyright © 2011 por Editora Atos
Todos os direitos reservados

Coordenação editorial
Roseli Batista Folli Simões

Capa
Rafael Brum

Projeto gráfico
Marcos Nascimento

Primeira edição
Abril de 2011

Nenhuma parte deste livro pode ser reproduzida,
arquivada ou transmitida por qualquer meio – eletrônico, mecânico,
fotocópias, etc. – sem a devida permissão dos editores,
podendo ser usada apenas para citações breves.

Publicado com a devida autorização e com todos os direitos
reservados pela **EDITORA ATOS LTDA.**

Caixa Postal 402
30161-970 Belo Horizonte MG
Telefone: (31) 3025-7200
www.editoraatos.com.br

AGRADECIMENTOS

Quero agradecer a todas as pessoas queridas que, depois de me ouvirem balbuciar algumas palavras a respeito do "amor" vieram até mim e insistiram para que eu escrevesse um livro sobre esse assunto. Seu constante incentivo me motivou no momento em que estava relutante em começar a escrever este livro. Al Penniman, um ministro e juiz, foi o primeiro a insistir para eu fazer isso. (Quando um juiz federal insiste para você fazer algo, aquilo entra na sua cabeça! Al fala com muita autoridade sobre qualquer assunto, de vitaminas à eternidade.)

Várias pessoas leram o livro, quando ainda estava em forma de manuscrito, e deram valiosas ideias e sugestões. Relacionar cada uma dessas pessoas, nome a nome, seria um grande desafio; então, não farei isso. (Muitos deram opiniões após lerem os artigos do boletim informativo da igreja). Que Deus os recompense por isso.

Agradeço especialmente a Graham "Gramática" Greeson que trabalhou no manuscrito inteiro fazendo inúmeras correções gramaticais. Irmão Graham, muito obrigado!

Agradeço especialmente àqueles que ficaram "fora" do projeto propriamente dito, mas que apoiaram financeiramente o ministério Sure Word Ministries durante o verão de 94, quando me retirei para viajar e terminar esta obra. Suas tangíveis expressões de amor nos permitiram concluir essa tarefa. É com muito prazer que darei a vocês uma das primeiras cópias deste livro. Também agradeço por terem orado por mim durante esse período.

Também agradeço especialmente à minha família, que "abriu mão de mim" durante o período em que escrevi o livro.

DEDICO ESTE LIVRO A

Dianne, minha amada, que tem estado ao meu lado, fielmente, por quase vinte anos, nos bons e maus momentos.

Ashley, nossa filha primogênita, que tem trazido muita alegria ao papai com sua mente brilhante.

Kimberly, nossa bailarina, cujas habilidades artísticas têm um significado ainda maior em meu coração.

Jordan, "meu menino", cujo amor sincero sempre aquece meu coração.

EU OS AMO, MINHA QUERIDA FAMÍLIA!

SUMÁRIO

Prefácio 11
Comentários sobre o livro 13

1. Aprendendo a amar 19
2. Algumas verdades básicas sobre o amor 37
3. O Ser que é amor
   – Revelação de João, Parte Um 65
4. A mensagem de amor
   – Revelação de João, Parte Dois 75
5. As características do amor
   – Revelação de Paulo, Parte Um 87
6. O fruto do Espírito Santo é amor
   – Revelação de Paulo, Parte Dois 101
7. Como fazer pagamentos de sua dívida de amor
   – Revelação de Paulo, Parte Três 113
8. O amor estendido
   – Revelação Petrina 123

9. A arte de projetar amor 131
10. Como liberar o amor que gera milagres 139
11. Amor de amizade 155
12. Livres da paixão lasciva e cheios de amor 175
13. Como neutralizar emoções negativas 193
14. Nossa jornada em direção ao amor 207

Apêndice – Escrituras Bíblicas sobre o amor 213

PREFÁCIO

A OBRA *A INCRÍCEL REVELAÇÃO DO AMOR* é uma evidência de maturidade espiritual. Inicialmente, ninguém precisa aprender a aceitar o amor. Crianças absorvem amor como esponjas absorvem a água. Somente depois que experimentamos algum tipo de rejeição e feridas emocionais é que paramos de aceitar amor e, consequentemente, de dar amor.

Embora existam algumas tragédias mais graves na vida do que viver em um ambiente desprovido de amor, fomos criados por um Deus de Amor para aceitarmos e retribuirmos o seu amor. Por isso, precisamos de um fluxo de amor em nossas vidas para podermos ter alma e espírito saudáveis.

Neste livro, David Alsobrook – meu amigo pessoal –, amorosamente, leva-nos a deixar de ser pessoas que se sentem não amadas para nos tornarmos pessoas que transbordam amor para outras pessoas. A obra é tanto um tratado doutrinário como um relato de suas experiências pessoais com Deus e as subsequentes descobertas que ele fez acerca do amor de Deus na e através da vida dos crentes.

Considero este livro bem fundamentado biblicamente, além disso, apresenta as experiências pessoais de forma bastante equilibrada. Também achei que o livro transmite o amor que ele aborda, pois o meu próprio coração foi tocado por esse amor ao ler o livro. Acredito que o seu também será, à medida que você ler sobre a natureza de amor de Deus que é transplantada para nossas vidas como o fruto do Espírito Santo.

Dr. Judson Cornwall
Autor, Ministério Internacional
Phoenix, Arizona

COMENTÁRIOS SOBRE O LIVRO

Somos embaixadores – representantes – do Senhor Jesus Cristo. Portanto, o que as pessoas virem refletido e projetado por nós é o que pensarão a respeito de Jesus. Por esse motivo, é importante que nossas vidas e nosso amor sejam puros perante nossos irmãos cristãos e o mundo.

A Bíblia ensina que nosso objetivo deve ser o de colocar o amor em primeiro lugar e que os dons espirituais deverão operar através do amor. A epístola de 1 João 4.16 nos fala um pouco mais sobre isso, "Assim conhecemos o amor que Deus tem por nós e confiamos nesse amor. Deus é amor. Todo aquele que *permanece no amor permanece em Deus*, e Deus nele". Leia novamente: "Todo aquele que permanece no amor permanece em Deus!".

Unção, poder e fé são gerados quando você permanece em Deus. E, se permanecermos em Deus, permaneceremos no amor. Apenas falar sobre ter o poder de Deus não fará com que você passe a tê-lo. Então, o que fará com que você passe a tê-lo? Quando andarmos em amor, presenciaremos o poder de Deus!

Por andar em amor, David Alsobrook, um ministro cuja vida e ministério eu admiro profundamente, aprendeu muito mais do que apenas viver e andar em Deus; portanto, através deste livro, ele poderá ajudar muitas outras pessoas a permanecerem em Deus, à medida que permanecerem no amor.

Acredito que a mensagem deste livro se tornará "um estilo de vida" para aqueles que o lerem e adotarem seus princípios.

Dr. Fuchsia T. Pickett
11 de julho de 1994
Autor, Ministério Internacional
Kingsport, Tennesse

DAVID ALSOBROOK É UM DOS mais brilhantes professores de ensino bíblico que eu já ouvi falar. Suas percepções e entendimento das Escrituras são surpreendentes. Eu, pessoalmente, já me beneficiei de vários de seus estudos.

A obra *A incrível revelação do amor* entrará em seu coração e tocará profundamente a sua alma. Acho incrível que com todos os livros e sermões sobre cura, prosperidade, fé, evangelismo, batalha espiritual e oração, não exista quase nada disponível sobre o mais importante mandamento de Jesus Cristo: amarmos uns aos outros.

Fazemos parte de uma geração infiel, cheia de sentimentos de rejeição e com espírito de permissividade, autoexaltação e ambição egoísta que não sabe nada sobre o amor.

David tratou desse assunto com uma percepção atual e provocativa. Ele não apenas prova que *devemos* amar; ele nos mostra como! Este livro deve ser ensinado capítulo por capítulo à congregação inteira. *A incrível revelação do amor* é o livro certo para os dias de hoje!

Rick Godwin
Ministro Sênior
Eagle's Nest Christian Fellowship
(Igreja Comunhão Cristã Ninho da Águia)
2 de agosto de 1994
San Antonio, Texas

"Dou-lhe este conselho: Compre de mim ouro refinado no fogo, e você se tornará rico".

Ap 3.18a

O MINISTÉRIO DE DAVID ALSOBROOK tem sido provado no "fogo" e se tornou ouro. Por muito tempo a Igreja tem tido um ministério que realmente nunca entrou na arena de combate espiritual e, por isso, não consegue ajudar os fiéis quando Satanás, o acusador, vem bater em suas portas.

David Alsobrook esteve na arena e caminhou pelo fogo, essa experiência o ensinou a respeito da arena de nossa vida espiritual. *A incrível revelação do amor* é o resultado desse caminhar em meio ao fogo.

Teddy Roosevelt uma vez disse, "O que importa não é o homem que critica ou aquele que aponta como o bravo tropeçou, ou quando o empreendedor poderia ter atingido maior êxito. Importante, na verdade, é o homem que está na arena, com a face coberta de poeira, suor e sangue; que luta com bravura, que fracassa repetidas vezes, porque não há esforço sem erros e fracassos, mas que realmente se empenha para realizar as tarefas; que sabe o que é ter grande entusiasmo e grande devoção, e que exaure suas forças em uma causa digna; é aquele que, na pior das hipóteses, se falhar, ao menos o fará agindo excepcionalmente.

É preferível arriscar coisas grandiosas, alcançar triunfo e glória, mesmo expondo-se à derrota, a formar filas com os pobres de espírito, que nem gozam muito nem sofrem muito, pois vivem na penumbra cinzenta que não conhece vitória ou derrota".

Reverendo Donnie Swaggart
Evangelista, Pastor Auxiliar
Family Worship Center
(Igreja Centro de Adoração da Família)
Baton Rouge, Louisiana

É ALGO RARO E MUITO especial quando um escritor, ordenado por Deus, com a capacidade de David Alsobrook aparece. No decorrer dos anos temos nos deparado com alguns desses escritores e seus livros têm nos enriquecido espiritualmente. Watchman Nee, Andrew Murray, Jessie Penn-Lewis, W. Ian Thomas e Judson Cornwall são apenas alguns dos nomes que me vieram à mente.

Os livros de David, *O precioso sangue* (*The Precious Blood*), *Jesus morreu duas vezes?* (*Did Jesus Died Twice?*), *O Acusador e Divina Força do Espírito Santo* (*The Accuser and Divine Energy of the Holy Spirit*) e vários outros livros menores têm circulado muito na comunidade cristã evangélica norte-americana e têm sido fonte de grandes bênçãos.

Este livro não é exceção. Além dos anos de cuidadoso estudo da Palavra e da experiência de uma dura provação pessoal, David aprendeu algumas verdades básicas sobre o amor e como viver livre da solidão e da luxúria que a igreja, como um todo, precisa ouvir.

A incrível revelação do amor é um livro bem escrito, claro e fácil de entender. O estudo da natureza do amor e seu fruto nas passagens de João, Paulo e Pedro é acrescido com percepções surpreendentes e revelações profundas. Por exemplo, a linha reveladora do Capítulo Quatro, "Mesmo se nós, ao contrário de Pedro, não seguirmos a Deus "a distância", tendemos a mantê-lo próximo, mas não tão perto. Desejamos ficar próximos do Senhor, mas não próximos demais, porque percebemos "nossas imperfeições grosseiras à luz de sua santidade. Vamos encarar o seguinte fato: ainda temos ser rejeitados por Deus."

Recomendo de todo o meu coração este livro e seu autor. Seremos iluminados, inspirados e enriquecidos pela leitura destas páginas.

Dr. Ron Cottle
Autor, Presidente do Ministério
Beacon Theological Seminary
(Seminário Teológico Beacon)
Columbus, Georgia

ACREDITO QUE DAVID FOI destinado a escrever esta incrível revelação sobre o amor. Como Jesus declarou que para cumprir todas as leis e palavras proféticas de Deus basta amar ao próximo e a Deus de todo o coração (Mt 22.37-40), então, este livro pode ser exatamente a chave para uma vida cristã vitoriosa!

Quando li o livro de David explicando como podemos nos tornar "seres amorosos" projetando literalmente a compaixão que Deus tem pelas pessoas feridas e carentes de amor, fiquei impressionado com as histórias milagrosas de como a graça de Deus, transformadora de vida, é liberada através de palavras e ações carregadas de amor.

Pelo fato de as verdades contidas neste livro serem tão revolucionárias e estrategicamente cronometradas para fazer parte do avivamento dos últimos dias promovido por Deus, quero que David as ensine em meu instituto bíblico.

Preste atenção, se você estiver pronto para substituir a chama oscilante de seu amor frio e apático pela tocha ardente do perfeito amor, este livro transformará você de alguém que "faz uso do amor" de forma hipócrita em alguém que "dá amor" de forma divina!

Dr. Gary Greenwald
Autor, Ministério Intersnacional,
Pastor Sênior
Eagle's Nest Ministries
(Ministério Ninho da Águia)
Irvine, Califórnia

Capítulo Um

APRENDENDO A AMAR

*"Quanto ao amor fraternal,
não precisamos escrever-lhes,
pois vocês mesmos já foram ensinados
por Deus a se amarem uns aos outros."*
1 Ts 4.9 – NVI – meus itálicos

Como cheguei a este entendimento

No início de 1993, fiquei doente e fui forçado a cancelar os cultos por três meses. Eu me sentia extremamente fraco, fator que dificultava muito orar ou adorar. A valiosa Palavra de Deus vinha à minha mente consciente, mas a costumeira sensação da Presença de Deus estava ausente. Uma certa manhã, orei desesperadamente, "Senhor, você não falará comigo?" Alguns dias depois, acordei de um cochilo que dei à tarde e ouvi, claramente, as seguintes palavras: "Só exijo uma coisa de você: ame a Deus e ao próximo".

É difícil descrever o impacto que essas palavras tiveram sobre mim naquela época e agora. Meus olhos ainda ficam marejados de lágrimas quando me lembro da "Voz". Foi como se tivesse recebido uma nova ordem no trabalho. Tudo o que eu precisava fazer era amar a Deus e ao próximo. Não precisava orar, escrever, ministrar pessoas. Na verdade, agora, essas atividades me parecem um *hobby*. Minha tarefa é amar a Deus e as pessoas. Descobri que o Senhor estava certo quando combinou esses dois tipos de amor em "exijo *uma* coisa de você". Amar a Deus e as pessoas, geralmente, é uma coisa, não duas (veja Mt 25.40; Jo 21.15-17). Jesus disse o segundo grande mandamento, "amar ao próximo" *é igual* ao maior mandamento, "amar a Deus" (veja Mt 22.34-40 – meus itálicos).

Essa revelação foi tão grande que somente agora, dia após dia, estou aprendendo a praticá-la. Como amo a Deus de todo o meu coração? Como posso amar essa pessoa hoje?

Algumas pessoas têm sido visivelmente afetadas pelo amor que é derramado sobre elas. O atendente atrás do balcão, a garçonete, o frentista do posto de gasolina, o cristão abatido, o pastor com problemas, o enfermo e outros têm sido tocados por essas tentativas de amor. As pessoas têm experimentado o amor de Deus através de mim de uma nova maneira e tenho sentido o mesmo com relação a elas. Tenho colhido muito mais amor das pessoas de Deus do que nos anos anteriores. Tenho visto mudanças radicais em relacionamentos tensos ao que atribuo, pelo menos parcialmente, à projeção de amor a essas pessoas durante a oração (veja o Capítulo Oito).

Parece que outras pessoas não percebem que um esforço deliberado foi feito nesse sentido. Aprendi que isso não torna a tentativa de amor inútil, porque todo espírito humano sente o envolvimento do amor independentemente das respostas externas.

Ainda que a resposta seja negativa, pode ser um sinal de que o amor projetado foi sentido e, uma vez mais, rejeitado como no caso do jovem rico (veja Mc 10.21).

Como você pode imaginar, essa nova forma de viver foi desafiada por nosso velho inimigo. Às vezes, pensamentos de ressentimento, malícia e intolerância assaltam minha mente. Não importa o tipo de resistência, tenho observado que "o amor nunca falha, nunca desiste e nunca é desencorajado" (parafraseando 1 Co 13.8).

A vida que é dedicada a amar o próximo é o tipo de vida mais satisfatória que existe. Um pequeno poema que expressa essa verdade entrou em meu coração numa certa manhã:

Ao amar você, o amor retorna para mim

Colho amor

quando semeio amor.

Vejo o amor

quando demonstro amor.

Sinto amor

quando doo amor.

Sou amor

quando vivo o amor.

Amar as pessoas

me liberta.

Ao amar você,

o amor retorna para mim.

O principal pensamento que esse poema transmite ao meu coração é que eu preciso amar as outras pessoas se eu quiser ser amado. Como o ser humano foi criado com a necessidade de amor, todas as pessoas buscam o amor. **Mas para receber amor, a pessoa precisa dar amor.**

O mundo tem um ditado popular que, como a maioria da sabedoria humana, é uma contradição direta à Palavra de Deus: "Nenhuma boa ação fica impune". Esse ditado popular é baseado no ponto de vista humano acerca dos eventos. O inverso é verdade (veja Ecl 12.14). Quando semeamos atos de amor, nossas ações de amor tornam-se sementes de amor. Com o passar do tempo, as sementes crescem, tornando-se uma colheita de amor que é colhida pelo semeador. Por que tão poucas pessoas dão amor? Para dar amor uma pessoa precisa, primeiramente, receber amor do "Ser perfeito que ama".

Deficiência de amor

Em todos os lugares para os quais viajo, os cristãos me dizem que não existe muito amor em suas igrejas locais. Muitos se queixam acerca da maneira como eles são tratados pelas outras pessoas. Supõe-se que a igreja seja o "oásis de amor" inserido em uma sociedade problemática, mas as igrejas estão cheias de inveja, divisão, amargura e sentimentos semelhantes. Toda forma concebível de ausência de amor ou "desamor", como Malcolm Smith cunhou esse sentimento, está presente em grande parte das igrejas onde ministrei.

Outro dia, a coordenadora de oração do ministério Sure Word Ministries, Deanie Greeson, estava falando conosco por telefone. Minha esposa, Dianne, e eu gostamos muito de visitar essa senhora maravilhosa. Deanie tem muito amor em sua vida e é uma poderosa intercessora. Depois de termos conversado sobre este livro por um momento, Deanie me falou a respeito de um jovem que tinha feito algum trabalho de reforma em sua casa. "Ele é uma pessoa muito doce e gentil", ela disse, "e ainda não é um cristão!" Em seguida, ela acrescentou, em um tom triste, "Talvez seja exatamente por esse motivo!".

A maior marca de Cristo na Terra, hoje, é o seu amor revelado nas vidas de seus seguidores. Que desapontamento deve ser quando Jesus olha a condição atual da igreja! Parece, algumas vezes, que quanto mais tempo uma pessoa permanece cristã mais má se torna. Naturalmente, há muitas exceções. Algumas maravilhosas comprovações de amor cristão maduro são encontradas em cada igreja e cidade, mas isso parece ser um problema real em todos os lugares para onde viajo. Os pastores falam sobre a falta de amor que observam em suas congregações. Os membros da igreja me escrevem sobre a frieza encontrada em suas igrejas e a falta de amor pastoral por parte de seus líderes.

Não valorizamos a família de Deus como nosso Pai nos valoriza. Ele nos viu como merecedores da coisa mais valiosa do universo, o precioso sangue de Jesus, que é bem mais valioso que o ouro e a prata (veja 1 Pe 1.18, 19). Nós somos "sua pérola de grande valor", a "ovelha de seu aprisco" que naquela época dos pastores representava uma grande quantidade de riqueza. Nós somos sua "herança" e objetos de seu amor incondicional. Se Deus nos valoriza tanto assim, não deveríamos dar um valor maior uns aos outros?

Muitos profetas têm surgido no Corpo de Cristo nos últimos anos profetizando que um novo derramar do Espírito Santo acompanhado de sinais e maravilhas está prestes a acontecer no mundo todo. Isso soa como verdade em meu coração. Também acredito que testemunharemos o brilho intenso da natureza (amor) de Deus juntamente com o derramar de seu poder.

A necessidade de amor universal

Deus criou todas as pessoas com uma necessidade vitalícia de serem amadas. Essa "necessidade de amor" é observada em cada estágio da vida. O nenê contente que dá um tapinha no rosto da mãe está demonstrando e recebendo amor. A pessoa idosa que se interessa por um completo estranho, geralmente está atendendo à própria necessidade de amor através de outra pessoa. Todos nós experimentamos o genuíno amor através de várias pessoas, pelo menos algumas vezes em nossas vidas. E todos nós conhecemos a dor de um amor não correspondido e a fome da necessidade de amor interior não atendida. A necessidade de amor é universal e o ser humano tem tentado mil e uma maneiras de satisfazê-la.

A maioria das pessoas passa a vida inteira tentando satisfazer a necessidade de amor através de uma série de relacionamentos superficiais e esforços inúteis. Com o passar dos anos, essas pessoas se encontram mais famintas de amor, como sempre estiveram, e suas personalidades, em vez de serem quentes e vibrantes, são frias e reservadas, murchas por causa de sua busca vazia. Embora esse estado seja mais aparente em pessoas idosas não cristãs, ele é frequentemente visto em crentes idosos. Isso é triste. Os cristãos se queixam, constantemente, para mim sobre a ausência de relacionamentos profundos e significativos em suas igrejas. Os pastores frequentemente me falam acerca de sua solidão e falta de comunhão calorosa com os seus colegas pastores.

Se pudermos aceitar o amor do Pai Celestial e dar esse mesmo amor a outras pessoas, nossa busca por amor e nossa solidão acabará. Em vez disso, a busca por amor continua sem resultados, porque uma necessidade legítima não pode ser satisfeita de forma ilegítima. Não podemos saciar nossa fome de amor com negócios, ministério ou aquisições. A necessidade de amor poder ser saciada somente através do *relacionamento*. Isso ocorre, porque o Criador criou o homem para se relacionar e não para que fosse, simplesmente, um ser funcional.

É inerente ao homem a capacidade de receber amor e correspondê-lo, o que é o requisito básico para um relacionamento. Entretanto, o relacionamento só pode ser legitimado quando abordado com o motivo adequado. A maioria dos relacionamentos no Corpo de Cristo é severamente limitada devido ao egoísmo predominante em nossas vidas, exatamente o motivo pelo qual nossa comunhão com Deus é impedida.

Amor perfeito

A ausência de amor em muitas vidas é o resultado de abordar o amor com o motivo de *usar*, em vez de *dar*. Todos nascem com fome de amor, que é o motivo pelo qual os seres humanos são criaturas relacionais, mas a maioria das pessoas vive no estado de fome constante, satisfeitas apenas parcialmente devido a relacionamentos imperfeitos. Somente o Amor Perfeito pode satisfazer plenamente nossa fome de amor. O termo "amor perfeito" é realmente uma referência ao próprio Deus em 1 Jo 4.18 quando visto à luz do verso 16: "... o perfeito amor expulsa o medo... Deus é amor."

João estava ecoando o que Jesus ensinou quando disse, "perfeito é o Pai Celestial de vocês" em relação ao mandamento "amem os seus inimigos". Nosso Pai Celestial é "Amor Perfeito" e o "Ser perfeito que ama". "Ele faz raiar o seu sol sobre maus e bons e derrama chuva sobre justos e injustos" (Mt 5.44, 45, 48).

A necessidade de "amor perfeito" explica, com exatidão, o motivo pelo qual nenhum relacionamento humano – não importa o quão satisfatório ele seja – pode satisfazer adequadamente a profundidade de fome de amor dentro de cada coração humano. Deus criou o homem com um desejo de amor que somente Ele pode satisfazer. Davi sempre menciona essa fome de amor em seus Salmos, comparando sua sede de Deus com uma corsa que anseia por água:

> *Como a corça anseia por águas correntes,*
> *a minha alma anseia por ti, ó Deus.*
> *A minha alma tem sede de Deus, do Deus vivo.*
> *Quando poderei entrar para apresentar-me a Deus?*
>
> Sl 42.1 – meus itálicos

Em uma passagem ele foi tão longe dizendo, A quem tenho nos céus *senão a ti*? E na terra, nada mais desejo além de estar junto a ti (Sl 73.25). E em uma outra passagem, esse rei riquíssimo, que possuía todo tipo de tesouro que se pode imaginar na terra, clamou "*Uma coisa pedi* ao Senhor; é o que procuro: que eu possa viver na casa do Senhor todos os dias da minha vida, *para contemplar a bondade do Senhor* e buscar sua orientação no seu templo (Sl 27.4 – meus itálicos). Deus nunca planejou que nenhum ser humano – nenhum cônjuge, criança ou amigo – fosse capaz de saciar a fome de amor que Ele mesmo criou em nossos corações. É por isso que o buscamos. Ele opera em nós fazendo com que desejemos fazer sua vontade (veja Fp 2.13).

A maioria de nós, devido à nossa natureza caída, passa a vida tentando sugar todo o amor que pode de cada relacionamento, deixando aqueles com quem se relaciona com a sensação de esgotamento e vazio. A vida pode ficar muito árida na tentativa de absorver amor. Não existe muito amor em nossa rotina diária. Mas, quando nos relacionamos adequadamente com o "Ser perfeito que ama" e nosso relacionamento com Ele é correto, então, o amor é simplesmente derramado sobre nós à medida que mantemos comunhão com Ele. O "Amor" que é Ele, então se derrama sobre nós na monotonia do cotidiano. O Amor olha através de nossos olhos, brilha através de nosso sorriso e é transmitido pelo próprio tom de nossa voz. Depois de fazermos nosso contato diário com Deus, a inesgotável "Fonte" de toda a vida, seu amor flui quase sem esforço com aqueles que o contatam. A aridez da vida desaparece com o amor quando uma pessoa distribui o amor que recebe. Isso prepara a bomba para mais amor ser liberado até que uma fonte de amor esteja fluindo do coração de alguém. O Amor se torna especialmente evidente nas pequenas coisas da vida. Até mesmo um sorriso pode ministrar amor. Por sua vez, colhemos amor daqueles em quem semeamos (às vezes, após regar fielmente por um determinado período) e até mesmo de completos estranhos. Talvez esse seja o motivo pelo qual nosso Senhor geralmente é retratado na arte religiosa com a auréola fictícia. Esse é um símbolo artístico do amor que é emanado continuamente dele atraindo, assim, o religioso ferido e zangado.

    Permita-me abrir um parêntese. Exatamente esta tarde, parei de escrever o livro por um período e, intencionalmente, exercitei o amor em um *shopping center*. Rapidamente as pessoas se achegaram a mim, vindo de todos os lados, saindo de seu caminho para serem gentis e atenciosos comigo. A maioria dessas pessoas não fazia parte daquelas que receberam meu amor através de minhas palavras e ações. Acredito que elas sentiram a atmosfera de amor que eu estava emitindo intencionalmente. Logo comecei a colher amor de todos os lugares. Esse tipo de coisa acontece comigo frequentemente. As aeromoças desviam o seu caminho para serem gentis comigo. Pessoas totalmente estranhas oferecem dicas sobre os melhores restaurantes. Os gerentes de hotel me oferecem seus melhores quartos ainda que eu não tenha pedido favores especiais.

    Quando emanamos amor de nossos corações, quando exercitamos o método de amar, todo coração faminto consegue senti-lo. Isso abre todos os tipos de portas para compartilharmos a bondade de Deus com as outras pessoas. Descobri, como Starr Daily e William Branham, que tanto as pessoas como os animais conseguem sentir o amor divino e responder favoravelmente (veja os Capítulos Oito e Nove).

Davi expressou isso na oração que fez a Deus, no Salmo 18.35 "Tu me dás o teu escudo de vitória; tua mão direita me sustém; desces ao meu encontro para exaltar-me". Foi o amor que Deus expressou na forma de gentileza que fez com que Davi se sentisse exaltado. Observei a mesma coisa, ocasionalmente, no ministério. Os pastores que são mais amados por suas ovelhas não são os pregadores mais eloquentes nem os mestres mais inteligentes. Os pastores mais amados são aqueles que amam mais. Aquele que ama é amado nesse processo.

Foi essa mesma qualidade de amor que fez com que os Apóstolos mudassem seu nome de José do Chipre para Barnabé ("Encorajador" Atos 4.36). Foi essa mesma qualidade que também transformou um jovem de cabeça quente, uma pessoa verdadeiramente "elétrica" no apóstolo do amor, que pregou "mensagens de amor" durante todo o resto de sua vida (veja Capítulo Quatro).

Pessoa que expressa amor

Estou aprendendo a distribuir amor em todos os lugares em que vou. Sou apenas uma pessoa, mas, como Tiago disse, "Vejam como um grande bosque é incendiado por uma simples fagulha" (Tg 3.5). Os corações estão tão secos por falta de amor que eles pegam fogo imediatamente quando o amor é expresso. Quero ser uma pessoa que expressa amor, um distribuidor de amor. Acredito na mensagem do amor e desejo exercitar o método de amar para distribuir amor aos que me cercam. Sou apenas uma pessoa, mas como nunca serei mais de uma pessoa e as pessoas estão tão famintas de amor, por que não fazer o que está ao meu alcance? Tento distribuir amor para todo o tipo de pessoa, não somente nas igrejas, mas nas lojas, postos de gasolina, restaurantes e lavanderias. A maioria das pessoas que trabalham na lavanderia em que vou me chamam pelo nome e ficam visivelmente animadas sempre que entro em seu estabelecimento. Isso era uma raridade antes de eu começar a colocar em prática essa revelação. Sei que eles captam o amor que, intencionalmente, transmito.

Um dos lugares em que me esforcei para distribuir muito amor foi nos aeroportos e dentro dos aviões. Passo uma considerável quantidade de tempo voando e sempre há muitas pessoas feridas por perto. Devido às incertezas da viagem, as pessoas ficam um pouco mais vulneráveis. (Esse é o motivo pelo qual falsos religiosos pedem dinheiro nos aeroportos.) Minha atitude é diferente daquela que costumava ter. Eu costumava ter medo de aeroportos e aviões considerando-os um mal necessário para cumprir a vontade de Deus em minha vida (o ministério itinerante). Não oro mais, "Senhor, permita que uma pessoa que fale bem pouco se sente ao meu lado. Preciso desse momento para descansar ou ler". Apesar de eu me manter reservado durante os voos, ainda assim, chegava desgastado por causa das inconveniências da viagem.

Hoje em dia, não é incomum que uma pessoa totalmente estranha me agradeça várias vezes no término de um voo e até mesmo me ofereça seu endereço, tudo porque fiz um esforço consciente de amar aquela pessoa em particular, demonstrando um genuíno interesse por sua vida. Minha recompensa é que chego mais renovado devido à alegria de amar em vez de chegar exausto devido às muitas horas de viagem. (Talvez existam inúmeras oportunidades de dar amor em seu local de trabalho. Por que você não se renova, exercitando o método de amar em seu local de trabalho?)

Em uma viagem recente, um general da força aérea norte-americana foi para a Casa Branca agradecendo-me *três* vezes ao se despedir. Assim que ele se sentou ao meu lado, manteve-se reservado. Um muro se levantou entre nós quando falei para ele que era um ministro do evangelho. Mas, assim que comecei a conversar com ele, o muro caiu. Não foi tanto por causa do que falei a ele durante a hora seguinte, mas foi pelo real amor que emanava de mim. Foi amor que Deus derramou mais uma vez em meu coração através do

Espírito Santo que habita em mim. Eu, por minha vez, derramei esse amor em um general com fome de amor (veja Rm 5.5). Esse amor **fluiu**; não foi forçado.

O amor fluiu para a vida desse homem, porque a presença de Deus foi muito real na oração que fiz anteriormente.

A oração matinal sempre promove um dia melhor, mas nesse dia em especial a bondade do Senhor foi absolutamente "incrível", pois me alimentei de vários pedaços do Pão da Vida durante o dia todo. Cada momento do dia foi avivado com a "Presença de Deus". O amor transbordava em meu coração constantemente e parecia se derramar sobre todas as pessoas, além disso, havia uma alegria contagiosa em minha voz que parecia animar os espíritos daqueles com quem eu conversava. Meu coração pulou quando esse general da Força Aérea se sentou ao meu lado. Sabia que teria uma viagem agradável e logo comecei a orar por ele, silenciosamente, enquanto olhava para frente. Como disse, ele foi gentil a princípio, mas o distanciamento que se seguiu por parte dele desapareceu quando emanei amor do meu coração.

Em meu espírito, senti que esse general tinha sentido o amor de Deus por ele e, na medida de sua capacidade, recebeu o amor oferecido. O amor não foi algo que disse àquele homem, mas algo que primeiro senti por ele e, depois, liberei para ele. Não fabriquei isso. O resultado foi que um homem sob forte pressão experimentou um pouco de graça e amor. Fui recompensado com a alegria que provém do dar amor a alguém que o aceita.

Na outra parte dessa viagem, meu banco ficava ao lado de uma jovem que aspirava ser uma escritora e ter seus livros publicados. Quando disse a ela que já havia escrito alguns livros, ela se animou e me pediu alguns conselhos. À medida que discutíamos sobre sua carreira, senti um genuíno amor por ela em meu coração. Dessa vez, entretanto, o amor em mim "me machucou" quando senti seu coração fechado. Ela não fez nada externamente que me machucasse, mas todo o esforço que fiz para penetrar seu espírito foi frustrado pela rebelião contra o Deus que a ama. Experimentei o "amor ferido de Deus" (para tomar emprestada uma frase de Fuchsia Pickett), porque eu era o vaso de amor de Deus para a jovem naquele dia. (Talvez esse seja um motivo subconsciente pelo qual não nos esforçamos para expressar o amor de Deus para pessoas que não conhecemos. O amor ágape é frequentemente rejeitado por criaturas caídas. Você pode sentir a dor do coração de Jesus quando Ele clamou, "Ó, Jerusalém, Jerusalém... Quantas vezes eu quis reunir os seus filhos..."? Senti a mesma dor muitas vezes ao compartilhar Jesus com os incrédulos, que, mesmo em sua dor, não estavam dispostos a aceitar ajuda.)

Continuei expressando amor para a aspirante a escritora mesmo assim, porque o "amor suporta todas as coisas" (1 Co 13.7). Como compartilhei algumas experiências únicas que tive com animais selvagens, que podem ser compreendidos somente da perspectiva do cuidado e desígnio providencial de Deus, ela achou as histórias intrigantes. Logo ela pediu meu endereço, pois assim ela poderia me enviar informações sobre a Grande Barreira de Coral situada na Austrália. Sabia que mesmo dando a ela minha caixa postal ela não daria notícias. Mas o amor que expressei foi real igualmente à rejeição dela.

Às vezes é fácil expressar amor, especialmente, quando sabemos que provavelmente será recebido. Em outras vezes, dói expressar o amor. Não podemos escolher que nosso amor seja correspondido. Podemos escolher apenas amar ou não. Como "o amor expulsa o medo", não devemos hesitar em expressá-lo unicamente pelo fato de ele não ser aceito (1 Jo 4.18). Podemos descansar na promessa de que o "amor nunca falha", embora nunca venhamos a ver o fruto do nosso trabalho nesta vida (1 Co 13.8, 15.58). Além disso, Deus pode estar nos usando para regar uma semente que Ele plantou anteriormente. Cada coração "se lembra" do **amor ágape** e pode ser um dos motivos pelos quais os pecadores entregam seus corações a Jesus sem muita evangelização. Um pouco de amor pode percorrer um longo caminho. Nossa tarefa é transmitir amor em tudo o que fazemos; falando ou não sobre as boas-novas, porque qualquer ação de amor pode abrir o coração da pessoa que a recebe, nossa ação de amor pode trazer a pessoa para o Deus de amor.

Amor forçado não é real

Cada vez mais, estou deixando que o Senhor ame as pessoas que Ele vê através dos meus olhos. Às vezes o amor é tão forte como se Deus estivesse amando diretamente através de mim. Outras vezes o amor está presente, mas é bem sutil. Até mesmo o amor sutil pode ter um efeito poderoso sobre outra pessoa, mas uma coisa que não ajuda ninguém é amor forçado. Isso é outra coisa que estou tendo que aprender, porque o amor forçado é repulsivo a quem ele for direcionado. Em vez de forçar o amor, o amor simplesmente *flui* para as pessoas ao deixarmos que o Espírito Santo que habita em nós emane seu amor através de nós. Em minha vida, o fator determinante depende de minha oração pessoal e adoração ao Senhor. Se meu espírito estiver em comunhão com Ele, seu real amor flui através de mim.

O amor deve vir do coração e ser expresso deliberadamente por meio de palavras e ações. Porém, não devemos forçar nem pressionar outras pessoas, não importando o quanto desejemos que elas experimentem o amor de Deus. Isso geralmente requer esforço, embora em raras ocasiões o amor flua espontaneamente e sem esforço. Entretanto, não devemos expressar amor somente quando ele transborda de nós, pois isso não ocorre diariamente. Devemos buscar expressar amor continuamente, mas não devemos forçá-lo. Devemos procurar oportunidades para amar, caso contrário, nosso foco mudará rapidamente para nós mesmos. Nossa tendência inerente é sempre nos centrarmos em nós mesmos, devido à presença do pecado original. O amor é algo que devemos *praticar conscientemente,* como a estrela de basquete do NBA que continua treinando lances livres.

Tornar-me uma pessoa que expressa amor tem sido tanto um dos desafios mais difíceis como uma das práticas mais prazerosas de meus vinte e cinco anos de vida cristã. Durante esse processo, minha vida familiar e ministério se tornaram muito mais satisfatórios. Cada um de nossos filhos me falou várias vezes que sentem mais amor em minha vida do que antes. Dianne, minha esposa, disse que também sentiu isso. Costumo ficar, como antes, absorto em meus pensamentos quando estou com minha família por dias e semanas a fio. (Acho que isso é um problema comum nos casamentos, não é?) Porém, há determinados momentos quando eu concentro todo o meu amor em Dianne e tento transmiti-lo através de meu olhar e de minha voz.

Outra diferença que o amor fez em minha vida é que quando não consigo demonstrar amor, o Espírito Santo faz com que me arrependa imediatamente através de uma repreensão interior suave. Uma noite perdi a calma com um motorista adolescente imprudente que, realmente, me forçou a sair da estrada. Apertei a buzina com raiva enquanto ele continuava dirigindo velozmente e obrigando outro carro a se desviar dele. Fervi de raiva por causa de sua rebeldia deliberada e proferi alguns insultos. Naquela noite, depois de me acalmar, estava convicto de que minha reação tinha sido totalmente humana em relação àquela imprudência, pois estava muito longe da glória de Deus. Foi incrível o modo como sucumbi a essa convicção. Era como se eu próprio tivesse dirigido de forma imprudente. Foi assim que me senti por causa de minhas reações pecaminosas em relação a um motorista imprudente. Orei, "Pai, falhei em conseguir amar. Por favor, me perdoe. Lamento por não amar as pessoas como o Senhor ordenou". No dia seguinte pedi perdão a Ashley e Jordan, dois dos meus filhos que estavam comigo durante o incidente e cujo risco de sua segurança vislumbrei durante o meu desvio obrigatório. Eles compreenderam perfeitamente e disseram que eu tinha reagido com raiva, mas devido à preocupação com a segurança deles. Eles também compreenderam que minhas palavras e reações foram pecaminosas e as perdoaram. Posteriormente, quando estava orando e ainda sofrendo por causa do incidente da noite anterior, o Senhor me confortou. "Você está *aprendendo a amar*", parecia que o Espírito Santo tinha ministrado a mim perdão e absolvição da condenação. Talvez, esse seja o real segredo da vida: amar ao próximo como Deus nos ama. Não é natural amar, amar verdadeiramente, outras pessoas, porque todos nós somos, na essência, egoístas. Somente Deus é amor e somente Ele pode nos ensinar a amar as outras pessoas. "Vocês mesmos já foram ensinados por Deus a se amarem uns aos outros", "disse o sábio apóstolo. Como Deus é amor, não devemos ficar surpresos que Ele nos ensine sobre si mesmo, que Ele revele amor cada vez mais aos nossos corações e torne o amor o objetivo total e absoluto de nossa vida.

Ensinando a amar!

Fico admirado com nossa demora em aprender nossas lições de amor. Os crentes genuínos que conhecem a Deus e o seu amor podem ser surpreendentemente lentos em aprender a expressar amor. Um dos motivos para nossa demora é que amar da maneira como Deus ama é algo estranho à essência da natureza humana. Nossa natureza decaída, como a maioria do reino animal corrompida, é obstinadamente focada na própria vida.

Durante toda a nossa vida temos sido ensinados a usar as outras pessoas, em vez de valorizá-las. É difícil mudar essa antiga mentalidade. Percebi que os cristãos mais antigos têm a tendência de usar as pessoas e as usam para tirar vantagem. A Bíblia ensina o oposto disso, que os santos mais antigos devem suportar os mais novos e mais fracos na fé e *não* agradar a si mesmos (veja Rm 15.1). Oh, essa natureza de Cristo crescerá em nós cada vez mais.

Esse problema de usar as outras pessoas faz parte de nossa cultura, pois muitos de nós têm o conceito de que "amar" denota "usar" (desejo sexual). Paulo nos diz que o amor de Deus "não é egoísta". O amor não procura seus interesses; não é autoabsorvido. O amor se concentra mais em dar do que em receber. Há muitos aspectos do amor que foram tratados adequadamente (como o amor conjugal), mas senti necessidade de escrever um livro geral sobre o amor e para tratar dessa grande necessidade de mais amor dentro das igrejas. Naturalmente, à medida que aprendemos a amar, todos os nossos relacionamentos serão poderosamente enriquecidos.

Não há dúvida que o "Ser Supremo que ama" está mudando a si próprio para se tornar cada vez mais parecido com Ele, como diz a canção popular, "eles saberão que somos cristãos por causa de nosso amor". O amor é a principal marca de nossa religião. Talvez algum dia nós, a Igreja, iremos despertar e passar a amar as pessoas como Cristo nos ama.

Minha frequente oração é:

Pai Celestial,

Desperte-me

Mude-me para que eu deixe de usar as pessoas e passe a amá-las.

Pai, ensina-me a amar!

Ensina-me a amar

minha família, meus líderes, meu pastor,

meus amigos e meus colegas de trabalho.

Ensina-me a amar os meus irmãos e irmãs em Cristo.

E não esqueça dos meus inimigos, Senhor,

Também devo amá-los.

Ensina-me a amar as pessoas que são completamente estranhas – os moradores de rua, os desvalidos, os que não nasceram e os preteridos.

Você é amor.

Você vive em mim.

Ame e viva através de mim.

EM NOME DE JESUS, Amém.

Para sua consideração

1. Como David não acredita que Deus fez com que ficasse doente, ele percebeu que, como Epafrodito em Felipenses 2.30, ficou doente porque se esgotou demais no ministério de viagens (o que foi confirmado pelo médico). Foi em meio a essa enfermidade que Deus falou com ele por meio do que parecia uma voz audível dizendo, **"Só exijo uma coisa de você: ame a Deus e ao próximo"**. Você acredita que Deus pode usar as adversidades da vida para obter nossa atenção e esclarecer sua vontade para nossas vidas?

_____

_____

_____

_____

2. O apóstolo Paulo diz que fomos ensinados por Deus a amarmos o próximo. Quando nasceu de novo, você experimentou um novo tipo de amor pelas pessoas, até mesmo por seus inimigos?_____

Esse novo amor aumentou ou diminuiu com o passar do tempo?

_____

_____

_____

_____

O que você espera obter com o estudo deste livro?

_____

_____

_____

3. Você concorda com David, que o amor pode emanar do espírito de um crente como resultado da infusão de amor do Espírito Santo?_____

Você teve uma experiência similar? _____ Que efeito teve ou parece ter tido o amor de Deus transmitido de você para outras pessoas?

_____
_____
_____
_____

    4. Quais são algumas das maneiras que você tem *usado* outras pessoas em vez de valorizá-las?

_____
_____
_____
_____

    5. Quais foram algumas das maneiras que você usou as pessoas?

_____
_____
_____

    6. Você está disposto a se tornar uma pessoa que expressa amor ainda que essa possa ser uma das tarefas mais difíceis que você fará em toda a sua vida?

_____
_____
_____
_____

Capítulo Dois

ALGUMAS VERDADES BÁSICAS SOBRE O AMOR

*"Com isso, todos saberão
que vocês são meus discípulos,
se vocês se amarem uns aos outros"*
Jo 13.35 – meus itálicos

Nos PRÓXIMOS CAPÍTULOS, compartilharei com você algumas das lições que estou aprendendo. Aprender a amar é um processo contínuo. Esse é um dos assuntos que eu não me sinto tão bem qualificado para falar ou escrever a respeito, pois não sou aperfeiçoado em amar, e só estou escrevendo a respeito do amor por sentir no meu âmago que é a missão da Igreja. Quando a família de Deus começar a amar uns aos outros, verdadeiramente, o mundo será convencido de nossa legitimidade.

Revelação divina
versus compreensão humana

Deus dá a revelação do amor no decorrer de toda a Escritura. Em cada livro da Bíblia, podemos encontrar vários aspectos do amor, mas para falar especificamente sobre amor, Ele usou três escritores principais: João, Paulo e Pedro. Nos Capítulos Três e Quatro estudaremos o "conceito de amor de João", como denominam os estudiosos, que simplesmente significa a compreensão do amor por parte de João. João, com a alma de um artista, pinta com amplas pinceladas mostrando a natureza ou a essência do amor. João é um verdadeiro romântico, e a revelação que Deus lhe deu revela a beleza do amor.

Nos Capítulos Cinco, Seis e Sete, estudaremos o "conceito de amor de Paulo". Paulo, com o cérebro de um cientista, explora as complexidades do amor e fornece inúmeras características sobre nosso assunto. Ele nos mostra como o amor opera e o que ele faz. Paulo fornece os mecanismos do amor, as porcas e os parafusos.

O "conceito de amor de Pedro" é a compreensão do amor ensinada pelo apóstolo Pedro. O "Grande Pescador" de todos os tempos, Pedro simplesmente diz que o amor alcança todas as pessoas e cobre seus pecados. (Bem parecido com uma rede lançada ao mar). Estudaremos um aspecto do conceito de amor de Pedro no Capítulo Cinco e o outro aspecto no Capítulo Oito.

Prefiro, em cada um dos exemplos acima, referir a esses "conceitos" como "revelações". Uma revelação é uma *descoberta da verdade divina* e isso difere de um conceito, pois todas as pessoas têm um conceito do amor, mas algumas receberam uma revelação. Um conceito refere-se a um pensamento natural, enquanto uma revelação refere-se ao *pensamento divino revelado ao homem*.

Neste capítulo consideraremos alguns fatos básicos sobre o amor antes de continuarmos com as revelações de João, Paulo e Pedro nos capítulos seguintes.

O que é amor?

Essa é uma questão universal. As escolas de ensino superior têm dito que o amor é indefinível. É verdade que **sempre que definimos o amor, estamos definindo limites ou limitações para ele**. Como o amor é ilimitado, o raciocínio a que chegamos é que ele é indefinível em seu sentido pleno. Compreendo esse raciocínio, pois "Deus [que] é amor" é infinito e ilimitado (1 Jo 4.8).

Em suas tentativas de definir amor, os crentes às vezes invertem a ordem de "Deus é amor" para "amor é Deus". Quando o amor é definido dessa maneira, nós simplesmente não temos uma definição viável. "Deus é amor", mas dizer "o amor é Deus" é algo ambíguo. Se alguém tentar definir amor, ele deve ser capaz de descrevê-lo de forma que seja compreensível para o entendimento humano. Deus está além de nossa compreensão, exceto pela revelação que Ele dá de si mesmo vagamente na ordem da criação (natureza) e, de forma brilhante, no registro inspirado (a Escritura).

Como então podemos definir o amor infinito e ilimitado? A verdade é que não podemos definir plenamente o amor devido a sua vastidão. Isso é um propósito para a eternidade, mas podemos defini-lo parcialmente e essa é a melhor forma para descrevê-lo. O amor pode ser mais facilmente *descrito* do que *definido* e o amor pode ser descrito por suas características. Deus nos dá muitas características do amor em sua Palavra. A partir dessas características podemos chegar a uma definição viável do que o amor é ou não é. Há, pelo menos, *dezoito* características do amor apresentadas no Novo Testamento. Juntas elas ajudam a responder à pergunta "O que é amor?".

Estudaremos essas descrições de amor no Capítulo Cinco, mas agora nos contentaremos em examinar as palavras básicas do amor usadas na linguagem do Novo Testamento. Estudar essas palavras aumentará nossa compreensão do amor.

Você pode ter a certeza de que amor *não* é, como frequentemente definido, uma escolha ou uma decisão. Não, amor é uma natureza, essência – uma Pessoa. Uma Pessoa que toma decisões, sim, isso é verdade, contudo, uma Pessoa ou natureza. A sentença "Amor é uma escolha" é mais bem expressa como "amor faz escolhas", ou "o amor sempre escolhe amar".

O amor é poderoso, mas não é uma força impessoal. Não é uma ideia, mas é uma entidade real. Não é uma névoa nem um conceito filosófico; o amor é a natureza divina. A natureza divina do amor é demonstrada para nós no decorrer de toda a nossa vida de várias maneiras diferentes, visto que

Deus sempre está nos atraindo para Ele. Podemos perceber claramente o amor na pessoa de Jesus Cristo, mas podemos vislumbrá-lo sempre que o natural transcende para o espiritual. Deus pode usar uma flor para nos mostrar seu amor.

As ricas sombras do significado em grego

A língua portuguesa não transmite as ricas sombras de significado encontradas no grego. Há quatro palavras básicas para amor em grego, mas somente duas delas são amplamente usadas no grego do Novo Testamento, que são: *agapao* e *phileo*, juntamente com suas palavras derivadas.

1. *Agapao* (amor de Deus)

Agapao – ter preferência por, desejar bem a, com relação ao bem-estar de... a benevolência que Deus, ao providenciar salvação para o ser humano, demonstrou enviando seu filho e o entregando à morte... o amor que levou Jesus, ao buscar a salvação humana, a se submeter ao sofrimento e à morte (*Thayer's Greek-English Lexicon*).

Agapao – usado por Deus para expressar o profundo e constante amor e interesse de um ser perfeito em relação a objetos inteiramente sem valor, produzindo e estimulando um amor reverencial neles em relação ao Doador e um amor prático em relação àqueles que são participantes do mesmo, e um desejo de ajudar os outros a verem o Doador (*Vine's New Testamente Expository Dictionary*).

Agapao – no uso bíblico e eclesiástico o termo *agapao* e seu substantivo associado, *ágape*, referem-se a uma afeição constante e não egoísta ou carinho por outra pessoa sem esperar, necessariamente, algo em troca. Ele busca o *bem maior* de uma pessoa com base na decisão da *vontade* e em uma inclinação do coração (*The Discovery Bible, Glossário de Sinônimos*).

Agapao – desejar o bem maior de alguém. Experimentar a maior alegria de alguém em relação com outra pessoa. Dar livremente sem pensar em si mesmo. *Agapao* é a palavra grega que retrata com maior exatidão o amor divino. As palavras *agapao* e *ágape* raramente são usadas na literatura grega secular, sendo reservadas pelo Todo-poderoso para seu livro de amor, a Bíblia. Essa é a forma superior de amor e o único tipo que é completamente incondicional.

2. *Phileo* (amor fraternal)

Phileo – amar, ser amigável com alguém, sentir prazer em e ansiar por... um amor encontrado na admiração, veneração, estima, se dispor gentilmente a alguém, desejar o bem de alguém (*Thayer's Greek-English Lexicon*).

Phileo – se diferencia do *agapao* nisto, que o *phileo* representa mais de perto a afeição carinhosa. É um amor não egoísta, pronto para servir (*Vine's New Testamente Expository Dictionary*).

Phileo – esse verbo conota a inclinação da mente ou emoção que desperta interesse favorável ou aprovação. Geralmente envolve um interesse compartilhado ou compromisso com uma causa comum ou ideias de carinho; em geral conota a ideia de amizade e *vínculo* cordial com uma pessoa por causa de sua simpatia ou características desejáveis; diferente do *agapao*, o *phileo* pode ser perdido por causa de ingratidão ou por não ter sido valorizado (*The Discovery Bible, Glossário de Sinônimos*).

As outras duas palavras gregas para amor são *storge* e *eros*. A primeira é usada para amor natural e afeição enquanto a segunda denota amor sexual na literatura grega secular. A palavra *eros* não aparece no Novo Testamento e foi facilmente corrompida para desejo sexual ou erotismo. *Storge* é a raiz da palavra *astorgos*, que é definida como "sem afeição natural" (Rm 1.31; 2Tm 3.3). (Observação: "a" na frente de "storgos" significa "não, sem", funcionando da mesma forma que "a" da palavra "ateu", cujo significado é alguém que não acredita em Deus.)

Como considerar essas quatro palavras

Resumidamente, o **amor ágape** é aquele que não é egoísta, amor doador que dá liberalmente sem esperar nada em troca. O amor *phileo* refere-se à afeição carinhosa ou carinho de amigo que exige reciprocidade. O **amor** *storge* é a afeição natural como o amor de mãe. O **amor eros** é o amor sexual designado para ser expresso no casamento.

Deixe-me dar algumas ilustrações de cada um desses tipos de amor. A forma superior de amor, o **amor ágape**, é o amor que explode no coração do pecador, assegurando-o que apesar de todas as suas más ações, ele é amado pela Pessoa mais importante, a autoridade máxima, de todo o universo. O **amor** *phileo* é aquele sentimento caloroso expresso entre duas pessoas sem parentesco que se preocupam um com o outro como se fossem dois irmãos. O **amor** *storge* é evidenciado quando duas irmãs, que compartilharam o mesmo quarto durante toda a sua juventude, são separadas quando uma vai para a faculdade. Embora tenham brigado muito durante esses anos, a separação as enche de tristeza. O **amor eros** é uma paixão total e descontrolada entre dois recém-casados, se explorando e sentindo prazer um com o outro com entrega total em puro amor conjugal.

Cada um desses tipos de amor é maravilhoso, libertador e enriquecedor. Os incrédulos não experimentam o tipo de amor superior, o amor ágape, até serem envolvidos pelo Pai Celestial no novo nascimento (veja 1 Jo 4.7,8). Eles raramente experimentam, se é que experimentam alguma vez, o **amor** *phileo*. Em caso afirmativo, é somente após um longo período de uma cuidadosa proteção em um ambiente controlado (colegas de alojamento, por exemplo, que experimentam um genuíno amor fraternal após anos de interação).

O **amor** *storge* é a saudade natural que um marido sente por sua esposa quando separado dela e que o impulsiona a ligar para casa apenas para dizer a ela que a ama. O **amor** *storge* é a afeição natural que um bebê sente pela mãe após algumas semanas de vínculo e que perdura por décadas após a morte dela. As pessoas perdidas, separadas de Deus, podem e têm o amor *storge*. Entretanto, a degeneração da sociedade minimiza muito esse amor muitas vezes. Às vezes, uma pessoa não salva torna-se tão degenerada que acaba perdendo o **amor storge**. Esse é o cenário que Paulo apresenta na frase mencionada acima quando ele se refere a pessoas que "não têm amor pela família" (Gg. *astorgos*). Os programas de *sitcom* (comédia de situação) costumavam apresentar bem mais **amor storge** do que atualmente. Programas norte-americanos como *The Andy Griffith Show*, *The Dick van Dyke Show*, *Leave it to Beaver* e outros similares retratavam a afeição natural no núcleo familiar ou no local de trabalho entre colegas antigos. (Talvez isso seja responsável por seu aumento de popularidade na década de 1980. Hollywood não gerou a degeneração de nossa sociedade; apenas a reflete.) À medida que o amor natural diminui na sociedade, sua forma de entretenimento reflete sua perda. É um resultado lógico de uma sociedade sem Deus.

O **amor eros** é um tipo de amor genuíno. Afinal de contas, foi Deus quem criou o impulso sexual e o desejo de vínculo e companheirismo. O inimigo corrompeu facilmente esse amor em nossos dias transformando-o em luxúria. Estudaremos mais sobre esta perversão do **amor eros** no Capítulo Vinte.

Deus é a fonte definitiva de todo o amor, mas o inimigo pode distorcer todos os tipos de amor, exceto o **amor ágape**. Esse é o tipo de amor que não pode ser corrompido. Satanás oferece um falso tipo de amor de Deus em suas tentativas de enganar as pessoas que ainda não são salvas a fim de impedi-las de se achegarem a Jesus Cristo. (Se Deus é amor, como ele poderia condenar alguém?) E ele é frequentemente bem-sucedido em diminuir o **amor ágape** na vida de alguns crentes. Porém, ele não pode tocar no **amor ágape** e, portanto, não pode contaminá-lo.

Como o **amor ágape** e o **amor *phileo*** são os dois principais tipos de amor promovidos no Novo Testamento, será útil se compreendermos no que eles diferem. Podemos simplificar o **ágape** como o amor divino e o *phileo* como o amor fraternal. O **ágape** vem de dentro, não de fora; o *phileo* reage ao contato ou ação externa. O **ágape** é sempre derramado nas pessoas independentemente se será aceito ou não. Ele nunca espera alguma coisa em troca. O *phileo* requer reciprocidade e é intensificado ou reduzido em um relacionamento de acordo com o tipo de tratamento que ele recebe.

O amor ágape é imparcial; ele ama o desagradável e não faz acepção de pessoas. Se vocês de fato obedecerem à *lei do Reino* encontrada nas Escrituras, que diz "*Ame o seu próximo como a si mesmo*", estarão agindo corretamente. Mas se tratarem os outros com parcialidade estarão cometendo pecado e serão condenados pela Lei como transgressores (Tg 2.8,9 – meus itálicos). O amor ágape nunca causa escândalo; nem ofensas gratuitas (veja 1 Co 8.9-13; 1 Jo 2.10). O amor ágape sempre edifica e levanta as pessoas (veja 1 Co 8.1).

Amar é um verbo de ação

A maioria das pessoas associa o amor a sentimento. Isso ocorre, porque todos os tipos de amor afetam a emoção, mesmo que afete a volição e o intelecto. Quando "sentimos" amor, não importando qual dos quatro tipos mencionados acima, somos obrigados a expressá-lo para praticá-lo. O amor é mais que sentimento, mais que decisão e mais que pensamentos calorosos. O amor deve ser expresso para ser completamente conhecido na vida de alguém. Você pode sentir o amor ágape de Deus em seu coração por uma pessoa, mas até você ser movido a orar e ministrar a pessoa, seu amor não será colocado em prática.

Os cristãos normalmente não praticam o amor que sentem genuinamente em seus corações. Eles pressupõem que podem expressar adequadamente seu amor através de palavras.

Isso pode ser notado especialmente após um culto maravilhoso na igreja, onde o Espírito Santo, que é "amor", se moveu nas pessoas. Todos ficam se abraçando e dizendo que se amam. No dia seguinte, depois que os sentimentos calorosos diminuíram, as pessoas voltam a se comportar de forma egoísta..

João abordou esse problema em sua "Epístola de amor" (primeira João). Ele disse: Filhinhos, não amemos de palavra nem de boca, mas em ação e em verdade (1 Jo 3.18). João não está dizendo que é errado falarmos que amamos as pessoas, mas é errado não agirmos de acordo com esse amor que dizemos ter pelas pessoas. É somente ao praticarmos o amor por meio de ações sinceras que os crentes poderão assegurar seus corações de uma genuína vida cristã. João continua dizendo: "Assim saberemos que somos da verdade; e tranquilizaremos o nosso coração diante dele" (1 Jo 3.19).

Uma pessoa me escreveu um bilhete que dizia: "Amar é um verbo de ação". Não consigo esquecer esse pensamento. Esse bilhete prosseguia com a citação de João 3.16 e destacava a palavra "deu". O bilhete também citava Rm 5.8 com a palavra "morreu" destacada; e 1 Jo 4.10 com a palavra "enviou" destacada.

Impedimento ao amor

Há três tipos de "problemas do coração" que impedem ou mesmo eliminam o amor de Deus nas vidas dos crentes. Eles são:

1. Um coração duro

> "Sejam bondosos e **compassivos** uns para com os outros, perdoando-se mutuamente, assim como Deus os perdoou em Cristo."
>
> Ef 4.32

A palavra "compassivo" é *eusplagchnos* no grego e significa "solidário, condolente, compassivo ou misericordioso". O coração pode ser endurecido pelo pecado, pela indiferença ou insensibilidade. A cura para um coração duro é o despertar do amor que é facilitado pelo Espírito Santo através da oração e leitura devocional.

2. Um coração impuro

> O objetivo dessa instrução é:
> **O amor que procede de um coração puro...**
> 1 Tm 1.5

> Agora que vocês **purificaram** a sua vida pela obediência à verdade... **amem** sinceramente uns aos outros e de todo o coração.
> 1 Pe 1.22

A impureza obstrui o fluxo de amor. A Escritura diz: "Deus é amor" e "Eu sou santo" (1 Jo 4.8; 1 Pe 1.16). Nenhum de nós é tão puro quando desejamos ser, mas devemos ter, pelo menos, o desejo de santidade se quisermos ser pessoas que amam verdadeiramente. O amor pelas coisas do mundo extinguirá o amor que alguém tem por Deus. **"Não amem o mundo nem o que nele há. Se alguém ama o mundo, o amor do Pai não está nele."** (1 Jo 2.15)

3. Um coração não sincero

> **O amor seja sem hipocresia...**
> Rm 12.9

A palavra grega para "hipocrisia" significa "sincero". Ela está relacionada a outra palavra que se refere a "atuação de um histrião" (*Vine's New Testamente Expository Dictionary*). Paulo está se referindo à "imitação do amor cristão" e ele continua no versículo 10 *"Dediquem-se uns aos outros com amor fraternal"* (meus itálicos).

Se você faz parte de uma igreja, seja por qualquer período de tempo, certamente já viu ou experimentou o amor fingido, que, naturalmente, não é amor. Esse fingimento realmente machuca, não é mesmo? É o tipo de amor "beijo de Judas". Demonstra afeição ao mesmo tempo em que o trai.

Amor frio

Outra corrupção do **amor ágape** é mencionada em Mt 24.12. Jesus prevê uma época em que "o amor de muitos esfriará". A palavra que Ele usou nesse versículo é o **amor ágape**. Como os pecadores não têm o **amor ágape**, esse versículo pode se referir apenas às pessoas regeneradas.

O amor ágape, por sua própria natureza, é caloroso e vital. Esse é o amor que Deus tem por sua criatura, o ser humano, e é derramado em seu coração no novo nascimento. Entretanto, a força calorosa e pulsante do **amor ágape** pode ser esfriada através da influência da iniquidade ou desobediência. Estamos vivendo em uma época em que, devido ao aumento da iniquidade em nossa sociedade, o amor caloroso e vital de muitos crentes se esfriou em relação aos perdidos. Eles não são mais ardorosos em sua paixão pelas pessoas que ainda não foram salvas. Eles se tornaram indiferentes, até mesmo hostis com os perdidos devido, em parte, à natureza alarmante de suas ações malignas e devido à sua própria falta de comunhão pessoal com o seu Pai Celestial, o Deus de amor.

Como estamos vivendo nos últimos tempos, precisamos estar sempre alertas para a tendência que temos de endurecermos nossos corações e esfriarmos nosso amor. Devemos verdadeiramente odiar o pecado, mas amar o pecador. O amor de Deus é incrível!

Vivendo nosso primeiro amor

A primeira das mensagens de Jesus para as sete igrejas foi direcionada à igreja de Éfesos. Diferente das outras igrejas, Éfesos não se desviou da doutrina correta. As obras de seu ministério foram abundantes e eles permaneceram fiéis em meio à perseguição. Apesar disso, Jesus os reprovou por terem deixado seu "primeiro amor":

> *"Contra você, porém, tenho isto:*
> *você abandonou o seu primeiro amor."*
>
> Ap 2.4 – meus itálicos

O que é o "primeiro amor" de um crente? Acredito que seja a primeira infusão do *amor ágape* que ocorre na regeneração. Quando uma pessoa nasce na família de Deus ela é cumulada com o senso de amor que ela experimenta – primeiro de Deus e depois de seus filhos. Na verdade, os recém-nascidos geralmente falam muito sobre amor e como o amor que eles buscaram durante toda a sua vida os permeia cada vez que despertam. Comentam sempre como até mesmo a natureza parece renovada. Os pássaros cantam alegremente e as flores florescem lindamente. "As coisas antigas já passaram; eis que surgiram coisas novas!" Eles testificam esse versículo com um olhar inocente em seus rostos iluminados.

Durante a novidade da conversão, os bebês em Cristo não precisam ser ensinados a amar seus irmãos e irmãs. Como Paulo disse aos Tessalonicenses, "Quanto ao amor fraternal, não precisamos escrever-lhes, pois vocês mesmos já foram ensinados por Deus a se amarem uns aos outros" (1 Ts 4.9). Amar os outros membros da família faz parte da nova natureza. É tão natural quanto respirar para os recém-nascidos. É por isso que Paulo disse, nesse caso específico, que ele não precisaria instruir os Tessalonicenses para se amarem mutuamente, pois o próprio Deus estava ensinando isso diretamente em seus corações.

Essa também foi a minha experiência como um novo convertido.

Todas as manhãs eu acordava sentindo um amor ardente por Jesus e sua Palavra. Eu amava a todas as pessoas. Pessoas completamente estranhas eram alvo de compaixão e evangelismo. Antigos inimigos não eram mais considerados como tais. Um amor abundante passou a fluir em minha vida – por um certo período! Após cerca de seis meses a novidade acabou. Cristãos mais antigos na fé me orientaram, dizendo que minha "lua de mel" com o Senhor tinha acabado, que eu seria forçado, daqui para frente, a aguardar o resto dos meus dias na Terra prestando culto obedientemente a Deus.

Meu caso não foi único. Não demora muito, na maioria deles, até a pessoa ser ferida por velhos amigos ou membros da família que ainda não foram salvos. Essas feridas tendem a ofuscar um pouco o brilho. Pensamos conosco: "meus irmãos e irmãs em Cristo jamais me feririam dessa maneira". Mas, então, o inimaginável acontece! Um pastor os decepciona, um amigo cristão os fere ou surge uma discórdia no oásis de amor: sua igreja local. Repentinamente, a bolha de amor explode e o cristão desiludido, embora permaneça fiel às disciplinas da vida cristã, tem o amor pelo Senhor e por seus filhos diminuído.

Há outros motivos pelos quais os novos cristãos deixam o primeiro amor. Os efeitos das "obras cristãs" (legalismo) cobram o seu preço por sua dedicação, como ocorreu com os efésios. Servir a Deus passa a ser uma obrigação e deixa de ser uma alegria; consequentemente, o amor apaixonado por Deus nutrido pelas pessoas é substituído por um solene senso de obrigação. Em outros casos, os cuidados da vida ou antigos anseios pelas coisas do mundo extinguem o amor inicial até diminuir a paixão por Cristo. Esses são os motivos óbvios pelos quais o primeiro amor de uma pessoa pode ser abandonado.

Uma dos motivos mais sutis pelos quais os crentes deixam o primeiro amor é através da paixão *pelas coisas do Senhor*, em vez de pelo próprio Senhor. Como crianças com novos brinquedos, alguns recém-convertidos ficam enamorados pelas atividades ministeriais, novas doutrinas, dons do Espírito Santo ou pelos vários modos ou facetas da adoração, etc. que podem, se não ocuparem o devido lugar, diminuir a devoção a Jesus Cristo.

A maioria dos crentes, se não todos, já teve períodos de esfriamento, indiferença ou passividade em sua devoção ao Senhor devido a uma série de fatores, ainda que permaneçam fiéis aos mandamentos externos do Senhor. Deus continua trabalhando durante esses períodos, chegando à raiz do orgulho, do medo, falta de perdão e coisas similares. Apesar disso, cedo ou tarde, todos os crentes têm que voltar para o primeiro amor, se quiserem que sua experiência cristã seja de "alegria inexprimível e cheia de glória".

Um equívoco frequentemente repetido é expresso pelos cristãos a cada grupo de igrejas que tive o privilégio de ministrar. Eles se referem ao primeiro amor como algo que eles "perderam" e não como algo que "abandonaram". Ao fazer isso, eles se eximem da responsabilidade pessoal. Afinal de contas, se alguém perde alguma coisa, ele não é culpado como seria se a tivesse abandonado deliberadamente.

Abandonar o primeiro amor é um erro grave. Você percebeu que Jesus, após ter ascendido ao céu, falou aos efésios que eles "caíram" por terem agido assim (Ap 2.5). Geralmente ouvimos esse termo em referência à imortalidade, mas note que na vida dos cristãos um estado de desamor é visto pelo Senhor como um estado de queda. É um estado do qual o cristão se liberta somente através do arrependimento: "Arrependa-se e pratique as obras que praticava no princípio..." (Ap 2.5).

Uma outra prática que nos ajuda a voltar para o nosso primeiro amor é a oração devocional e a contemplação de passagens de amor nas Escrituras. Meditar em várias características do amor e nas coisas grandes que o amor realiza também ajuda.

Algumas excelências do amor

A maior demonstração de amor foi a cruz

Nisto conhecemos o que é o amor:
Jesus Cristo deu a sua vida por nós.

1 Jo 3.16 – meus itálicos

João diz, "Eis uma forma de sabermos o que é o amor: considerando a cruz". Paulo concorda, **"Mas Deus demonstra seu amor por nós: Cristo morreu em nosso favor quando ainda éramos pecadores"** (Rm 5.8).

Sempre que você começar a duvidar do amor de Deus, medite na cruz. No Monte Calvário o amor é revelado: "... conhecemos o que é o amor: Jesus Cristo deu a sua vida por nós". Isaac Watts colocou isso da seguinte maneira: **"Veja de Sua cabeça, Suas mãos, Seus pés,/Tristeza e amor se fun-**

dem/Amor e tristeza houve tal encontro/Ou espinhos tão rica coroa compõe?" (hino, Oh, Maravilhosa Cruz).

Todo mundo é tentado a duvidar do amor pessoal de Deus, às vezes, especialmente durante as adversidades e pressões. O inimigo procura manchar o caráter de Deus durante esses períodos difíceis. Aprendi a contemplar o Calvário quando era atacado dessa maneira. Paulo disse, "(Jesus) que *me* amou e se entregou *por mim*" (Gl 2.20 – meus itálicos). Ele viveu com a consciência do amor pessoal de Jesus por ele, o que aumentou sua intimidade com o seu Senhor.

Você pode dizer, como Paulo, **"Jesus me ama e se entregou por mim?".** Você pode sentir que provavelmente Ele não possa amá-lo tanto quanto ama seus seguidores que são mais maduros que você, mas o fato é que *Jesus Cristo ama a todos nós como se houvesse só um de nós!* Se você fosse o único descendente de Adão, Jesus teria passado por tudo que passou somente por você. Peça ao Senhor para fazer com que você entenda isso em seu coração. O Espírito Santo deseja que você tome conhecimento disso. Sua necessidade de amor mais profunda, ser amado intimamente por Deus, será mais completamente satisfeita do que você possa imaginar à medida que você **"pensar bem naquele que suportou tal oposição dos pecadores contra si mesmo"** em seu favor (Hb 12.3). Não é somente Jesus que nos ama, nosso Pai Celestial também. Isso não é uma surpresa, visto que eles têm uma única natureza, mas ouça as seguintes palavras de Jesus e veja se não desafiam sua "credulidade" como fazem com a minha:

Tu me enviaste, e **os amaste como igualmente me amaste.**

Jo 17.23 – meus itálicos

Imagine este pensamento incrível: Deus ama você tanto quanto ama Jesus! Se isso for demais para você, como é para mim, então se contente com o amor de Jesus expresso a você no Calvário.

Meditar na cruz era o conforto que eu precisava quando estava passando por qualquer período de dúvida. Achei mais útil que ler a história da crucificação várias vezes. Quando eu era recém-convertido, não conseguia evitar o choro sempre que lia sua agonia, traição, rejeição e execução. Anos mais tarde, à medida que eu lia a paixão de Cristo com uma atitude devocional e bem lentamente, a mesma preciosidade de Cristo e de seu amor me envolvia da mesma maneira que há muitos anos. Todas as dúvidas sobre o seu amor por mim desapareciam e meu amor por Ele se intensificava e ultrapassava os níveis anteriores.

"Nós amamos porque ele nos amou primeiro" (1 Jo 4.19). Não iniciamos nosso amor por Ele; nós apenas correspondemos ao seu Amor. Entender o amor de Deus por nós aumenta nosso amor por Ele.

A cruz é pessoal, intensa e atraente. Jesus disse que a cruz atrairia todos os homens a ele! (veja Jo 12.32)

Todas as pessoas têm uma grande necessidade de amor que o Calvário pode satisfazer.

A maior personificação do amor é Jesus

Jesus de Nazaré era amor em movimento. Ele personificou o amor em todo o lugar por onde foi tanto por demonstração como por palavra – *amor divino em forma humana*. Ele podia expressar amor com uma palavra (veja Mc 10.21). Como ele agora vive em nós, nós também podemos "olhar e amar" (veja Gl 2.20; 2 Co 13.5; 1 Jo 4.4).

A maior *expressão* de amor hoje é a igreja

Hmmm! Esse amor é um pouco mais difícil de provar do que os outros. Bem, pelo menos me permita expressar desta maneira: *supõe-se* que os crentes sejam o maior exemplo de amor. Como os incrédulos não possuem o **amor ágape**, é verdade que a igreja é a maior expressão de amor de Deus no mundo hoje. Às vezes, fazemos um bom trabalho de expressão de amor, mas geralmente somos sombras pálidas em comparação a tantos outros cristãos que vieram antes de nós. A realidade de Cristo se faz melhor conhecida através de nossas expressões de seu amor de uns para com os outros. Jesus disse: "Com isso todos saberão que vocês são meus discípulos, se vocês se amarem uns aos outros" (Jo 13.35). O mundo está nos observando e observando nossas ações uns com os outros.

A maior prova do mundo de que Jesus é o filho de Deus é evidenciada quando seus seguidores amam uns aos outros. E isso prova, em poucas palavras, *porque Satanás luta contra a demonstração de amor* tão intensamente. "O amor suporta todas as coisas", ainda que os cristãos briguem uns com os outros por questões emocionais. Nós simplesmente não amamos uns aos outros como devíamos. O amor é o *grande convencedor*, e esse é o único motivo pelo qual precisamos do amor de Deus em nossas vidas.

Sempre que oro sobre amor alguém invariavelmente pergunta: "Por que existe tão pouco amor na igreja?". Isso é paradoxal, não é? A nossa é a religião do amor, ainda que mostremos pouco amor em nossas rotinas diárias. As pessoas não esperam o mesmo dos seguidores de outras religiões, porque, no mundo todo, nenhum outro fundador de uma religião manifestou o **amor ágape**. Nenhum deles se entregou pelos outros como Jesus. O amor é o tema entremeado em toda a nossa fé e mensagem. Por que então demoramos tanto para amar? Um dos motivos é porque não estamos totalmente convencidos do amor de nosso Pai Celestial.

Você é muito amado

Quando ponderei a respeito do fato de nosso estado atual de desamor, me lembrei do Avivamento Wesleyano de 1700. Tanto amor foi demonstrado por aqueles crentes devotos que o *London Time* colocou na manchete em letras garrafais: "MEU DEUS! ESSES CRISTÃOS AMAM-SE UNS AOS

OUTROS!". O artigo mencionava vários exemplos de altruísmo, amor sacrificial que esses crentes demonstravam uns para com os outros. Hoje em dia a mídia não fica tão impressionada. **Não é interessante que a mídia secular nos dias de Wesley estava mais convencida da validade de seu ministério devido ao amor que os convertidos demonstravam do que por causa dos sermões que Wesley pregava?** Jesus sabia que esse seria a prova decisiva de nossa legitimidade: que todos os homens saberiam que somos seus discípulos pelo nosso amor. Por quê? Tudo acerca de nossa fé é baseado diretamente no amor:

> *"Porque Deus tanto amou o mundo que deu o seu Filho Unigênito... Foi assim que Deus manifestou o seu amor entre nós: enviou o seu Filho Unigênito ao mundo, para que pudéssemos viver por meio dele. Nisto consiste o amor: não em que nós tenhamos amado a Deus, mas em que ele nos amou e enviou seu Filho como propiciação pelos nossos pecados. Amados, visto que Deus assim nos amou, nós também devemos amar uns aos outros".*
>
> Jo 3.16; 1 Jo 3.9-11 – meus itálicos

Durante minha recente convalescença (quando Deus falou comigo que tudo o que exigia de mim era amor), ocorreu-me o pensamento do **motivo de tão poucas pessoas demonstrar amor é porque pouquíssimas pessoas percebem que são amadas.**

Coloquei esse pensamento diante do Senhor, para ver se estava ouvindo adequadamente e fui direcionado para a passagem de 1 Jo 4.7, "Amados, amemos uns aos outros..." O Espírito Santo disse "consulte essa passagem, amado e você terá a resposta".

Descobri que a palavra "amado" é *agapeetos* (no 27 na concordância bíblica *Strong's Exhaustive Concordance, Greek New Testament Dictionary*). A palavra *agapeetos* é proveniente da palavra grega básica para o tipo de amor de Deus (*agapao*) e devido a sua colocação no versículo, refere-se **àqueles que recebe-**

ram o amor de Deus. João diz, "Olhe, amigos, você receberam o amor de Deus, então, agora, vamos deixar o amor fluir de uns para os outros. Amem como foram amados".

Conforme já mencionei, uma pergunta que tenho feito com frequência é, "Por que existe tão pouco amor na igreja?". Parte da resposta é que pouquíssimas pessoas que fazem parte da igreja percebem quão grandemente são amadas.

Diga para você mesmo, "Sou alvo do especial amor de Deus... não porque mereço, mas porque Deus derrama seu amor sobre mim". Mencionei anteriormente que podemos aumentar nossa percepção do amor de Deus com relação a nós ao meditarmos no sacrifício de Jesus. Uma outra forma de podermos aprofundar nossa compreensão é meditar nos versículos da Escritura que declaram especificamente essa verdade. "Vejam como é grande o amor que o Pai nos concedeu: sermos chamados filhos de Deus, o que de fato somos!" (1 Jo 3.1). (No Apêndice você encontrará meus versículos favoritos sobre o amor. Talvez você queira ir até lá agora, para meditar naqueles versículos.)

À medida que contemplamos o tipo de amor que o Pai nos concedeu, a percepção que Ele nos ama se tornará mais profunda e duradoura. Afinal de contas, Ele não apenas nos amou antes de termos nascido do Espírito, Ele nos amou antes de termos nascido carnalmente. Paulo expressou isso da seguinte maneira: "Em amor nos predestinou para sermos adotados como filhos, por meio de Jesus Cristo" (Ef 1.5).

E isso, Paulo diz, ocorreu antes da fundação do mundo. *Você tem sido amado por um longo tempo!* O simples ato de perceber o amor pessoal de Deus por cada um de nós percorre um longo caminho para a cura da solidão.

Até mesmo os ministros não percebem que são amados

Há mais de vinte anos, ouvi Ray Bloomfield falar sobre uma época em seu poderoso ministério, quando os cultos noturnos continuavam por semanas e até meses. Durante um culto prolongado, o irmão Bloomfield estava ministrando em uma das maiores igrejas do evangelho pleno da Costa Leste. Uma noite, após orar por centenas de pessoas, ele estava saindo pela parte de trás da igreja quando parou ao ouvir uma voz chorosa.

Ray se voltou para procurar a pessoa que o chamara e oferecer ajuda. Grande foi sua surpresa ao descobrir que a voz chorosa era do pastor que lhe tinha feito o convite para pregar – um ministro muito bem-sucedido e respeitado. Esse pastor abriu o coração com o evangelista, admitindo, pela primeira vez em sua vida, que nunca soube que era amado. Seus corajosos esforços no ministério, ele explicou, eram feitos justamente como uma tentativa de conquistar o coração de Deus, uma forma de fazer com que Deus o amasse. À medida que o irmão Bloomfield orou pelo pastor que soluçava, o incondicional amor de Deus irrompeu sobre ele e aquele pastor foi transformado para sempre.

Pode soar estranho para você que um pregador muito conhecido não percebesse que fosse amado, mas conheço muitos ministros que só sabem disso intelectualmente. Eles nunca tiveram uma *revelação em seu coração do amor de Deus por eles*. Essa falta de compreensão é a causa principal da aridez no ministério hoje em dia. Todos os ministros, devido ao sofrimento de lidar com pessoas feridas, precisam de percepções renovadas de amor. Mas alguns ministros, como o pastor renovado mencionado, nunca teve uma única percepção de amor. Imersos na religião desde a infância, eles sentem que o amor é algo a ser conquistado em vez de recebido.

A próxima vez que você ouvir um pregador duro, comece a orar para que ele experimente uma revelação do amor de Deus. Novamente: "Vejam como é grande o amor que o Pai nos concedeu" (1 Jo 3.1). Tudo que ele precisa é de uma percepção de amor e se tornará uma pessoa amorosa. Com isso, seu ministério refletirá o amor que o Pai tem demonstrado por ele.

Às vezes, a dureza que percebemos em uma mensagem do ministro se deve à frustração pessoal. Ele não está ocupando o lugar para o qual

Deus o chamou. Há muitas pessoas nos púlpitos das igrejas que nunca foram escolhidos por Deus para estarem lá. Fui criado na casa de um ministro, mas nunca fui inclinado nessa direção por influência dos meus pais, porque eles compreendiam que o ministério é uma vocação, um chamado, não uma profissão.

Há muitos filhos preciosos de Deus que lutam com suas dúvidas a respeito do amor de Deus por eles. Eles me contaram imaginar Deus muito irado com eles, que observava cada uma de suas ações diárias, esperando que saíssem da linha para que Ele pudesse fulminá-los. Eles tentavam conquistar o amor de Deus com suas boas obras esperando ganhar um sorriso dele. João sabia do amor que Deus tinha por ele e acreditava nesse amor (1 Jo 4.16). Você *sabe* o amor que Deus tem por você? Você *acredita* nisso? Conhecer o amor que Deus tem por alguém, efetivamente, é acreditar nisso de todo coração. Não dá para ser de outro jeito.

Um amado cristão, de uma geração mais antiga, escreveu o seguinte sobre a evidência do amor de Deus: **"O amor por si só apresenta Deus a mim. O amor é meu santuário – na fábrica, no campo, nas ruas da cidade; na cama, no escritório, na cozinha, no leito de enfermidade. Tenho meu santuário em todos os lugares que vou, em qualquer lugar do universo. Onde há amor, há Deus".** (Toyohiko Kagawa)

Você pode ser tentado a pensar que é difícil para você receber o amor de Deus, por causa do seu ambiente, mas Toyohiko Kagawa encontrava o amor em todos os lugares, porque Deus é onipresente e Deus é amor.

Um dos lugares mais deprimentes que existem é uma instituição para pessoas mentalmente incapacitadas. Visitei várias instituições desse tipo e sempre percebi a falta de esperança expressa, como desespero completo, ainda mais do que nas prisões onde fui ministrar. Segue abaixo um poema escrito na parede de um quarto de hospício, que mostra que nada é difícil demais para o Deus que servimos! O Deus que é amor é Todo-poderoso. Ele pode se derramar nas pessoas em qualquer lugar e dar poderosas percepções de amor. As linhas a seguir soam familiares?

Se pudéssemos criar o oceano com tinta
E se o céu fosse feito de pergaminho;
Cada caule da terra seria uma pena
E todos os homens seriam escribas por profissão;

Para escrever sobre o amor de Deus acima
Secariam as águas do oceano
Nem o rolo de pergaminho poderia conter tudo
Ainda que fosse esticado de céu a céu

Ó, o amor de Deus! Quão valioso, quão puro!
Quão imensurável e intenso!
Ele dura para sempre
É a canção dos santos e dos anjos

Se você acha que reconheceu esse poema, está certo. Esses versos foram incorporados no hino inspirado, "O amor de Deus". O autor, que foi internado no hospício anos antes, escreveu essas palavras um pouco antes de morrer. Parece que ele, apesar do ambiente que o cercava e de seus problemas, experimentou uma percepção do amor, não é? "Contemple, que maneira de amar!"

Amar sua família espiritual é um mandamento

"Como o Pai me amou, assim eu os amei; permaneçam no meu amor. Se vocês obedecerem aos meus mandamentos, permanecerão no meu amor, assim como tenho obedecido aos mandamentos de

> *meu Pai e em seu amor permaneço... O meu mandamento é este: Amem-se uns aos outros como eu os amei."*
>
> Jo 15.9, 10, 12 – meus itálicos

> *"Ele nos deu este mandamento: Quem ama a Deus, ame também seu irmão"*
>
> 1 Jo 4.21 – meus itálicos

À medida que examinamos os ensinamentos de Jesus, descobrimos que o mandamento para amarmos a Deus aparece aos menos três vezes e o mandamento para amarmos nossos inimigos ocorre essa mesma quantidade de vezes. Ele nos instruiu a amarmos o próximo, quatro vezes. Mas a grande surpresa é que Ele nos ordenou amarmos uns aos outros em um total combinado de cerca de vinte vezes!

Jesus sabia que seria mais fácil para nós amarmos a Deus, o próximo e até mesmo os inimigos do que seria amarmos nossos irmãos e irmãs.

Que Deus possa nos dar um amor maior por nossa família na fé.

Amor é a maior prova de maturidade

Antigamente eu procurava qualquer evidência, *exceto* o amor para determinar a maturidade de um cristão. O quão versado ele é nas escrituras? O quanto ele ora? Quão capacitado ele é para realizar seu chamado?

Agora percebo como era absurdo esse critério, porque "conhecimento traz orgulho", a oração pode funcionar e os dons falam da bondade de Deus, não da grandeza de uma pessoa.

Atualmente, procuro evidências de amor na vida de uma pessoa, porque "o fruto do Espírito é amor" (Gl 5.22). "Fruto" (Gg. *karpos*) efetivamente significa **crescimento**. "O crescimento do Espírito é amor", é uma outra maneira de fazer essa colocação (bem como as outras enumerações que ocorrem nos versículos 22 e 23). Estudaremos isso mais detalhadamente no Capítulo Seis.

O quanto um crente cresceu no Senhor? Observe suas demonstrações de amor em tudo o que ele diz e faz.

O amor não é um dom

Sempre que ensino sobre os dons do Espírito Santo (Gg. *charismata*), convido os membros da igreja para vir à frente e faço uma oração para a operação desses dons poderosos em suas vidas. Antes de convidá-los, cito os nove dons listados em 1 Co 12.8-10, e incentivo-os dizendo que nosso Pai Celestial anseia por abençoar as pessoas através de nós com esses poderosos dons. Antes de iniciar o período de oração, costumo pedir aos crentes para me avisar quanto ao(s) dom(ns) específico(s) que eles gostariam que o Senhor liberasse neles e através deles. Isso nunca deixou de acontecer. Mesmo após toda a explicação, alguém invariavelmente pede "o dom do amor". Então paro e informo a pessoa que embora sincera, está equivocada, que não posso fazer isso, porque o amor não é um dos *charismata* do Espírito Santo.

É importante permanecermos de acordo com as diretrizes da Palavra de Deus em tudo o que fazemos. É errado orar por amor?

Absolutamente não. Deus não nos dá seu amor? Sim, ele dá (veja Rm 5.5). Porém, o amor não é um "dom" no sentido escritural da palavra. O que é amor?

O amor é um *andar*.

> Portanto, sejam imitadores de Deus, como filhos amados e andem em amor, como também Cristo nos amou e se entregou por nós como oferta e sacrifício de aroma agradável a Deus.
>
> Ef 5.1-2

O amor é um *fruto*.

> Mas o fruto do Espírito é: o amor, o gozo, a paz, a longanimidade, a benignidade, a bondade, a fidelidade, a mansidão, o domínio próprio; contra essas coisas não há lei.
>
> Gl 5.22-23

O amor é um *caminho*.

> Mas procurai com zelo os maiores dons. Ademais, eu vos mostrarei um caminho sobremodo excelente.
>
> 1 Co 12.31

O amor é uma *lição*.

> ...vós mesmos sois instruídos por Deus a vos amardes uns aos outros.
>
> 1 Ts 4.9

O amor é um *mandamento*.

> O meu mandamento é este: Que vos ameis uns aos outros, assim como eu vos amei.
>
> Jo 15.12

O amor deve ser buscado, pois ele é um andar. Ele deve ser cultivado, pois ele é um fruto. O amor deve ser seguido, pois ele é um caminho. O amor deve ser estudado, pois ele é uma lição. O amor deve ser obedecido, pois é um mandamento.

O amor não é um "dom", mas Deus concede amor para nós quando percebemos nossa necessidade dele e humildemente pedimos mais amor a Ele.

Para sua consideração

1. O que é "amor ágape"?

_____
_____
_____

2. O que é "amor *phileo*"?

_____
_____
_____

3. O que é "amor *storge*"?

_____
_____
_____

4. O que é "amor *eros*"?

_____
_____
_____

5. O amor é completamente definível? Por quê?

_____
_____

6. Por que Satanás combate a expressão de amor?

7. Em toda a história, qual é a única maior demonstração de amor?

8. Em toda a história, qual é a única maior personificação do amor?

9. Qual deve ser o maior exemplo de amor na Terra atualmente?

10. Qual é a maior prova de maturidade de um crente?

11. Você acha que muitos crentes, inclusive ministros, têm dificuldade em aceitar o amor incondicional de Deus?

12. Você acha que o "amor frio" prevalece em muitas igrejas do mundo todo?
_____
_____
_____

13. Amar é um verbo de _____

14. Deus dá amor, então o amor é um "dom"?
_____
_____
_____

15. Cite quatro maneiras como o amor é descrito no Novo Testamento:
_____
_____
_____

Capítulo Três

O SER QUE É AMOR
Revelação de João, Parte Um

Deus é amor... Deus é amor.
1 Jo 4.8, 16 – meus itálicos

O Ser que é Amor

Deus é amor – o Ser que é Amor

Eu estava almoçando um dia com um de meus mestres preferidos, Malcom Smith. Durante nossa refeição lhe contei o quanto havia apreciado sua série de fitas sobre superação. Mencionei, em particular, todas as percepções que ele compartilhou acerca de Deus como o Ser que é Amor. (Disponíveis no Malcolm Smith Ministries, PO Box 29747, San Antonio, Texas 78229.)

À medida que comia, Malcolm comentou com seu forte sotaque, "David, a maioria de nós considera que Deus tem muito amor, em vez de considerar o amor como algo que Deus é, não somente o que Ele tem". As palavras de Malcolm ficaram em meu coração por dias:

Amor é algo que Deus é, não algo que Ele tem...

Como um pregador, percebi que quando cito "Deus é amor," muitos ouvintes interpretam isso como, "Deus está amando". Um dia, interrompi meu sermão e perguntei à congregação se era assim que eles tinham entendido e eles confirmaram que sim. Essa percepção equivocada muda o significado de João sobre o amor como a qualidade que está na natureza ou essência de Deus para simplesmente uma das muitas características de Deus. Isso é como dizer, "Deus é poderoso e benevolente". Malcolm usa a ilustração da água: "Posso *ter* água, até mesmo muita água, mas *não sou* água. Deus não tem amor, Ele é amor".

Amor é o que Deus **é**, e algo que Ele **efetivamente** emana da própria natureza de seu ser. Seu poder, sua misericórdia, seu cuidado, sua presciência, tudo emana de seu amor. Até a repreensão de Deus pode ser vista como *amor severo*, especialmente quando Deus lida com seu povo.

"Amor Ferido" de Deus

Ouço muitas fitas de vários pregadores maravilhosos, mas uma das séries mais profundas que já ouvi tratava do "Amor Ferido de Deus", do Dr. Fuschia T. Pickett (disponível no Shekinah Ministries, 394 Glory Road, Blountville, TN 37617). A premissa do Dr. Pickett é a seguinte: como Deus é amor, e como o amor deve ter um objeto, ele não existe sozinho. O amor de Deus deve ser expresso. Portanto, Deus desejou criar um ser que pudesse se relacionar com seu amor, uma criatura que pudesse ter comunhão com a divindade em um nível superior ao das outras criaturas. Fuschia explica que Deus criou o homem para que ele pudesse amar alguém de uma maneira especial. Ele criou o homem com uma necessidade especial de ser amado, necessidade que somente ele poderia preencher, e com uma capacidade única de se relacionar com Deus em amor e adoração. Deus teria alguém para amar e o homem teria alguém que o amasse.

O Dr. Pickett ensina que quando o homem desprezou o amor de Deus ele o "feriu" em um sentido especial. O motivo pelo qual Deus não destruiu sua criatura é novamente por causa de seu amor. O Amor não permitiria que o homem fosse destruído, ainda que seu amor estivesse "ferido". Esse "amor ferido" agora é ministrado sempre que o povo de Deus expressa seu amor a Ele através da adoração, comunhão e obediência. Esse é o motivo pelo qual resgatou sua criatura caída, o homem, porque seu amor pelo homem não poderia ser extinto por causa de sua desobediência. Sempre que adoramos, obedecemos e entramos em comunhão com Deus, nós estamos "curando" seu amor ferido. Isso é expresso quando Jesus falou à mulher samaritana, "Dê-me um pouco de água" (Jo 4.7). Jesus revelou a "sede" de Deus pela adoração que o homem poderia lhe render.

É certo que sempre que um mestre da Bíblia fala de Deus antropomorficamente, isso é, quando alguém fala da divindade em termos humanos, deve tomar cuidado para não ir longe demais. Deus não é um homem; o homem não é Deus. Ainda assim, como o homem foi criado com os ideais e aspirações parecidos com os de Deus, Deus optou por se revelar com desejos humanos. Vemos isso em toda a Escritura. Os estudiosos chamam isso de **comparação antropomorfológica** ou **antropomorfismo** (para abreviar!). O antropomorfismo significa que Deus se revela como um homem ou com desejos e necessidades humanas a fim de se relacionar com o homem e atender suas necessidades.

Devemos tomar cuidado para equilibrar o antropomorfismo com a **ontologia,** que é o estudo da natureza ou essência de Deus. No sentido ontológico, Deus não tem necessidades, pois Ele é eterno e incriado. Como um ser autoexistente tem uma necessidade, visto que Ele é autoexistente? Por exemplo, se Deus deseja ser adorado Ele pode ordenar a adoração dos anjos ou das pedras, ou Ele pode até mesmo adorar a si mesmo, o que Ele faz sempre que o Espírito Santo *glorifica* Jesus (a palavra grega é *doxa* que significa louvar, honrar e glorificar, Jo 16.14).

Manter a tensão adequada entre o antropomorfismo e a ontologia é um dos maiores paradoxos das Escrituras, mas ao fazer isso se mantém tanto

Deus como o homem em seus devidos lugares. Compreender esses dois conceitos também ajuda a responder aparentes contradições das Escrituras sobre a natureza de Deus. Deixe-me ilustrar isso brevemente:

> *"Deus não é homem..."*
> Nu 23.19 – meus itálicos

> *"O Senhor é homem de guerra..."*
> Ex 15.3 – meus itálicos

A primeira citação é uma declaração ontológica, a segunda é um antropomorfismo. Deus, por sua natureza ou essência, não é homem; Ele é exclusivamente Ele mesmo. Deus, por seus atos de salvação, se comporta como um homem e por seu ato de redenção tornou-se um homem.

Voltando ao nosso pensamento sobre o "amor ferido" de Deus, compreendemos que o homem não pode afetar a natureza eterna de Deus em nada (ontologia). Deus ainda é Deus não importa o que alguém faça. Mas Deus tem sentimentos reais que Ele demonstrou quando criou o homem à sua própria imagem e semelhança. O homem fere esses sentimentos quando desobedece a Deus, ainda que Deus, sendo onisciente, soubesse que ele o desobedeceria. Deus escolheu se relacionar conosco em termos humanos, portanto, podemos nos relacionar com Ele. Tudo isso é algo que Paulo chama de "mistérios" que se tornarão mais claros à luz da eternidade.

Quem conhece Deus?

A revelação de João acerca do amor avança para o próximo passo lógico: se Deus é amor, então todos que amam devem conhecer a Deus. "Amados, amemo-nos uns aos outros, porque o amor é de Deus; e *todo o que ama* é nascido de Deus e *conhece* a Deus. Aquele que não ama não conhece a Deus; porque Deus é amor" (1 Jo 4.7-8 – meus itálicos).

Os crentes se alegram na revelação de Deus através de Jesus Cristo. Justificadamente, declaramos àqueles envolvidos em falsas religiões que somente através de Jesus o homem pode conhecer a Deus, mas às vezes as pessoas que evangelizamos acham que nos consideramos superiores a elas. Também há discípulos de Jesus que se consideram maiores do que deveriam, por causa do conhecimento bíblico avançado ou experiência espiritual. Nos dois casos, isso ocorre não porque falhamos em falar a verdade, mas falhamos em **"seguindo a verdade em amor"** (Ef 4.15).

As pessoas não salvas e nosso "irmão mais fraco" olham para a *essência de nossas vidas* mais do que para nossas ações externas, pois os devotos sinceros de todas as fés são zelosos de seus códigos religiosos (os islâmicos, por exemplo). O que nós *somos* é mais importante para nossos observadores do que o que *fazemos* e o que *sabemos*. Como tenho declarado frequentemente nestas páginas, o amor é o maior convencedor da legitimidade de nossa fé. Quando nos damos conta dessa grande verdade, geralmente cometemos um engano puramente humano: fazemos votos internos. "Amarei mais as outras pessoas, assim poderei mostrar ao mundo que Jesus é o filho de Deus". Mas não funciona dessa maneira. O amor não é algo que fabricamos ou forçamos. O amor é algo que Deus coloca em nós antes de o expressarmos.

Experimentando o amor de Deus

Para o amor poder ser dado, ele tem que ser recebido. Experimentamos amor à medida que conhecemos o "Ser que ama". "Quem não ama não conhece a Deus" (1 Jo 4.8). Esse é o motivo pelo qual Jesus disse para alguns dos líderes religiosos da Israel antiga: "mas conheço vocês. Sei que vocês não têm o amor de Deus" (Jo 5.42). Eles eram religiosos, mas seu pai era o diabo (veja Jo 8.41,44).

Passei a conhecer o amor verdadeiro quando nasci de novo em 1969. Esse amor único era superior e mais intenso que o amor parental ou fraternal. Era uma sensação muito poderosa de que eu era aceito incondicionalmente. Meu coração foi aquecido e lágrimas desceram de meus olhos à medida que a realidade do amor de Jesus preenchia meu coração.

Em 1970, Jesus me batizou com o Espírito Santo. Naquela época eu era um adolescente zeloso incendiado por Deus. Desejava o batismo, porque precisava do poder de Deus em minha vida. À medida que "esperava" obedientemente pelo meu amigo pentecostal, implorei por poder, fogo e línguas. Às 5h30 da madrugada, repentinamente fui cheio com o Espírito Santo. Falei em línguas, senti um fogo ardente em meu peito e tive uma visão enquanto um incrível poder preenchia o quarto onde eu estava orando.

Depois que a glória da experiência diminuiu, a principal coisa com que fui cumulado, novamente, foi que eu era amado por Deus de forma particular e especial. O amor de Deus foi derramado em meu coração e entendi o amor de Deus por mim como eu sendo uma pessoa com quem Ele se importa intensamente, bem como, o amor de Deus pelas outras pessoas. Lembro-me de abrir a janela à medida que a luz da manhã despertava os pássaros. Eu era um com eles em nosso melódico louvor ao nosso Criador, conforme cantava no Espírito (veja Sl 148.7, 10; 150.6). Meu coração estava inundado de amor por tudo e por todos.

Descobri, anos mais tarde, que o amor é combinado com poder na experiência do batismo no Espírito Santo. A palavra grega (*epipipto*) usada para ser cheio pelo Espírito Santo também é usada para o abraço de amor do pai no filho pródigo: "**Estando ainda longe, seu pai o viu e, *cheio* de compaixão, correu para seu filho, e o abraçou e beijou**" (Lc 15.20 – meus itálicos). Esse verbo idêntico é utilizado em At 10.44 "**Enquanto Pedro ainda estava falando essas palavras, o Espírito Santo *desceu* sobre todos [os italianos] os que ouviam a mensagem**" (meus itálicos). Assim como o pai abraçou seu filho pródigo, da mesma forma, o Espírito Santo "abraçou" os italianos reunidos na casa de Cornélio.

O Espírito Santo é Deus que é amor (At 5.3,4; 1 Jo 4.8). Na dinâmica do batismo, a Pessoa do amor abraça o filho do Pai. Em outras experiências de amor com Deus, todos nós conhecemos esse mesmo amor derramado sobre nós durante períodos de oração e adoração. Ainda assim, como nós nos esquecemos rapidamente do seu amor! Como falhamos rapidamente em expressar esse amor para as outras pessoas. Como ficamos frios e sem amor tão rapidamente?

O âmago da Palavra de Deus

A coisa que é tão paradoxal sobre o cristianismo é que nossa principal distinção (amor) parece perdida em nossos relacionamentos e em nosso cotidiano. O amor é o âmago da Palavra de Deus. O amor é a base de nossa religião. Pouquíssimos não cristãos associam o cristianismo com amor. A maioria com quem tenho conversado nos aeroportos e em outros lugares públicos tem a impressão de que existe mais amor nas religiões orientais. Eles não devem ser culpados por esse equívoco. A falha é nossa. Falamos às pessoas que ainda não foram salvas o quanto Deus as ama, mas não conseguimos nos amar dentro da igreja. As coisas que os crentes fazem uns com os outros! Enquanto o mundo nos observa, nos criticamos e nos difamamos, os irmãos chegam até a levar uns aos outros ao tribunal. Um jovem convertido se queixou com um ministro convidado: "Gostaria de ser um perdido novamente". O ministro incrédulo perguntou: "Como você pode desejar isso?". O jovem respondeu com tristeza: "Quando eu era perdido a igreja me amava".

Quando era adolescente, pertencia a um ministério de evangelismo de rua. Enfatizávamos o amor de Deus enquanto conversávamos com os perdidos, mas passávamos horas brigando por causa de discordâncias doutrinárias ou fazendo críticas comportamentais. Demonstramos mais amor aos inimigos de Deus do que aos seus filhos! Não é de surpreender que somos seguidamente advertidos a nos amarmos uns aos outros, na verdade, *sete vezes* mais do que somos advertidos a amar os nossos inimigos.

Nos últimos anos tornou-se comum para os crentes confrontarem as falhas uns dos outros. Ao ajudar os outros a enxergarem, devemos nos lembrar da admoestação apostólica: *"**Amai-vos** uns aos outros com amor fraternal. Prefiram dar honra mais aos outros do que a si próprios"* (Rm 12.10 – meus itálicos). O amor cordial deve estar sempre presente, mesmo durante uma repreensão.

Nosso Pai é amor. À medida que nos tornarmos mais semelhantes a Ele, evidenciaremos seu amor de uma forma mais notória para aqueles que entrarem em contato conosco. O "Ser que ama" é o "Ser supremo que ama" e a "Fonte" de todo amor genuíno. As Escrituras dizem que Ele nos criou para, efetivamente, compartilharmos de sua própria natureza! (Veja Hb 2.11; 12.10; 2 Pe 1.4). À medida que crescemos nele, evidenciamos mais de seu amor para as outras pessoas. Isso ocorre inconscientemente, às vezes, e surpreende até aqueles que mais nos conhecem.

A revelação de João sobre o amor é dividida em duas partes e é conectada logicamente: Deus é amor e amaremos se formos seus filhos.

Para sua consideração

1. Preencha as lacunas: "Amor é algo que Deus _____ , não algo que Ele _____.

2. Verdadeiro ou falso: Se amor é o que Deus é, então tudo o que Ele faz flui de sua natureza. _____.

3. Preencha as lacunas: "A revelação de João sobre o amor avança para o próximo passo lógico: se Deus é amor, então todas as pessoas que _____ devem _____ Deus".

4. Preencha as lacunas: "Para o amor poder ser _____, o amor deverá ser _____."

5. Você concorda com David que "o amor é a principal distinção do cristianismo?" Por quê?

_____
_____
_____

Capítulo Quatro

A MENSAGEM DE AMOR

Revelação de João, Parte Dois

Porque esta é a mensagem
que ouvistes desde o princípio:
que nos amemos uns aos outros.
1 Jo 3.11 – meus itálicos

Nunca ouvi essa mensagem

Fui criado em um lar evangélico, na verdade, meu pai era um ministro da Palavra de Deus. A minha vida era preenchida com Escola Dominical, reuniões de oração e atividades na igreja. Quando criança ouvi muitas pregações com diversos temas ou "mensagens". Em particular, nossa igreja se orgulhava de proclamar a *Mensagem sobre Santidade*.

O Senhor me salvou quando eu tinha 15 anos. Seis meses depois ele me batizou no Espírito Santo. Nos últimos 25 anos tenho ouvido uma série de outras verdades ou "mensagens": a Mensagem da Fé, a Mensagem da Salvação, a Mensagem da Oração, a Mensagem do Discipulado, a Mensagem do Reino, a Mensagem da Afiliação, a Mensagem da Prosperidade e a Mensagem do Fim dos Tempos. (Cada uma dessas "mensagens" continha tanto verdade como erro. O erro geralmente aparecia na forma de extremismo ou desconsideração pelo equilíbrio.)

Entretanto, não posso dizer que ouvi a *Mensagem do Amor* em minha vida inteira, certamente não a ênfase de **amarmos uns aos outros** em que João disse que os primeiros cristãos eram alicerçados "desde o princípio".

Ou, para dizer em outras palavras, no decorrer de todos os anos de minha experiência cristã, sempre que ouvia uma mensagem sobre o amor, ela era, invariavelmente, sobre o tema do *amor de Deus por nós* em vez de *nosso amor uns pelos outros*. É nosso amor uns pelos outros, que nosso texto diz, que é "*a mensagem*". A Mensagem de Amor começa com o amor de Deus por nós e continua com nosso amor uns pelos outros.

João enfatiza os dois temas em sua primeira epístola geral, mas à segunda é dada maior atenção. As seguintes citações são da NVI (meus itálicos):

Primeiro, o amor de Deus por nós:

Vejam *como é grande o amor que o Pai nos concedeu*: sermos chamados filhos de Deus, o que de fato somos! (3.1)

Foi assim que *Deus manifestou o seu amor entre nós*: enviou o seu Filho Unigênito ao mundo, para que pudéssemos viver por meio dele. Nisto consiste o amor: não em que nós tenhamos amado a Deus, mas em que *Ele nos amou...* (4.9-10)

Nisto consiste o amor: não em que nós tenhamos amado a Deus, mas em que *Ele nos amou e enviou seu Filho* como propiciação pelos nossos pecados. (4.10)

Assim conhecemos *o amor que Deus tem por nós* e confiamos nesse amor. Deus é amor. Todo aquele que permanece no amor permanece em Deus, e Deus nele. (4.16)

Nós amamos porque *Ele nos amou primeiro*. (4.19)

Segundo, nosso amor uns pelos outros:

Quem ama seu irmão permanece na luz, e nele não há causa de tropeço. Mas quem odeia seu irmão está nas trevas e anda nas trevas; não sabe para onde vai, porque as trevas o cegaram. (2.10-11)

...quem não pratica a justiça não procede de Deus, *tampouco quem não ama seu irmão*. (3.10)

Esta é a mensagem que vocês ouviram desde o princípio: *que nos amemos uns aos outros*. (3.11)

Sabemos que já passamos da morte para a vida porque *amamos nossos irmãos*. Quem não ama permanece na morte. Quem odeia seu irmão é assassino... Nisto conhecemos o que é o amor: Jesus Cristo deu a sua vida por nós, e devemos dar a nossa vida por nossos irmãos. Se alguém tiver recursos materiais e, vendo seu irmão em necessidade, não se compadecer dele, como pode permanecer nele o amor de Deus? Filhinhos, *não amemos de palavra nem de boca, mas em ação e em verdade*. (Jo 3.14-18)

E este é o seu mandamento: Que creiamos no nome de seu Filho Jesus Cristo e que *nos amemos uns aos outros*, como Ele nos ordenou. (3.23)

Amados, *amemos uns aos outros*, pois o amor procede de Deus. Aquele que ama é nascido de Deus e conhece a

Deus. Quem não ama não conhece a Deus, porque Deus é amor. (4.7-8)

Amados, visto que Deus assim nos amou, nós também *devemos amar uns aos outros*. (4.11)

Ninguém jamais viu a Deus; *se amarmos uns aos outros, Deus permanece em nós, e o seu amor está aperfeiçoado em nós*. (4.12)

Deus é amor. *Todo aquele que permanece no amor permanece em Deus*, e Deus nele. (4.16)

Se alguém afirmar: "Eu amo a Deus", mas odiar seu irmão, é mentiroso, pois quem não ama seu irmão, a quem vê, não pode amar a Deus, a quem não vê. Ele nos deu este mandamento: *Quem ama a Deus, ame também seu irmão*. Todo aquele que crê que Jesus é o Cristo é nascido de Deus, e todo aquele que ama o Pai *ama também o que dele foi gerado*. Assim sabemos que *amamos os filhos de Deus*: amando a Deus e obedecendo aos seus mandamentos. (4.20-5.2)

Que revelação maravilhosa! Não é à toa que João é chamado "o apóstolo do amor"! Porém, isso nem sempre foi verdade na vida do "amoroso João" como veremos.

Os rapazes relâmpagos

Quando Jesus chamou João e seu irmão Tiago, Ele lhes deu novos nomes "Boanerges, que significa o filho do trovão" (Mc 3.17). Hoje nós os chamaríamos de "rapazes relâmpagos" que é a descrição de como eles sempre se comportavam nos Evangelhos.

Em nosso primeiro exemplo dos temperamentos dos rapazes relâmpagos, vamos considerar a breve excursão ministerial que Jesus fez a Samaria. Os samaritanos que tinham preconceito contra os judeus, da mesma forma que os judeus tinha com relação a eles, não aceitaram o ministério de Jesus. Eles provavelmente foram rudes com Jesus (veja Lc 9.51-53). Como resultado,

> *Ao verem isso, os discípulos Tiago e João perguntaram: "Senhor, queres que façamos cair fogo do céu para destruí-los?"*
>
> Lc 9.54 – meus itálicos

Eu quase desejei que Jesus tivesse dito: "Com certeza, vão em frente. Façam-me o favor e assem esses samaritanos". Uma lição necessária foi dada a dois jovens evangelistas que pensavam que estavam em pé de igualdade com Elias! (Tiago e João estavam se regozijando com o brilho de uma missão de cura bem-sucedida.) Você pode imaginar seu embaraço após futilmente fazer descer fogo do céu diante dos samaritanos desprezados? Se sua humilhação fosse parecida com as minhas experiências, Samaria teria apreciado um clima mais frio!

Foi ressaltado para mim que João conseguiu fazer com que descesse fogo do céu em Samaria, mas não da maneira que ele desejou a princípio. Em Atos 8 temos a consideração de Lucas, o historiador, a respeito da evangelização de Samaria por Filipe. Quando ele informou os resultados de sua evangelização aos mais velhos em Jerusalém, eles enviaram Pedro e João que "impunham as mãos nos (samaritanos) e eles recebiam o Espírito Santo", que, naturalmente, nas palavras de João, o Batista, refere-se ao "Espírito Santo e fogo" (Mt 3.11, At 8.14-17). Um João transformado conseguiu, efetivamente, fazer descer fogo do céu. Provavelmente ele se lembrou de alguns rostos ao impor as mãos nesses recém-convertidos samaritanos.

Em seguida, ocorreu o seguinte comportamento de João em relação a um homem que estava expulsando demônios. Em vez de se alegrar com o fato de pessoas oprimidas estarem recebendo ajuda, João falou para o homem parar de ajudá-las, porque João não o conhecia bem o suficiente para endossar seu ministério. João estava contrariado porque "ele não era um dos nossos" (Mc 9.38-40). Isso soa familiar?

Esse foi um exemplo básico de "DESAMOR", porque "o amor é paciente, o amor é bondoso (e) não procura seus interesses (não é egoísta) (1 Co 13.4-5). Jesus afirmou que o homem estava realizando "milagres", (seu ministério era genuíno) e que João não deveria proibi-lo.

Como um terceiro exemplo da falta de amor de João, observe o pedido de sua mãe que veio "com seus filhos" implorar ao Senhor pelos dois tronos mais altos de seu reino. Os outros dez ficaram indignados com isso, o que também revelou o orgulho deles (veja Mt 20.20-28). Paulo diz o contrário, que o amor "não inveja, não se vangloria, não se orgulha" (1 Co 13.4).

O que transformou João?

Como foi que o "rapaz relâmpago" com temperamento intempestivo se tornou amoroso? Todos os apóstolos de Jesus finalmente se tornaram amorosos, mas João se destacou como o maior exemplo de todos. Ponderei sobre isso por bastante tempo. Um dia um pensamento passou por minha mente: *João era o discípulo que Jesus amava e essa percepção de ser amado o transformou em uma pessoa amorosa.* Quando João percebeu que era amado incondicionalmente, isso o libertou para amar incondicionalmente. O "rapaz relâmpago" transformou-se no "apóstolo do amor". Fico confiante em saber que Deus transformou João completamente de um vulcão de ira em um vale de amor, pois Ele pode fazer o mesmo conosco.

Terapia do abraço

Um deles, o discípulo a quem Jesus amava, estava reclinado ao lado dele.

Jo 13.23 – meus itálicos

Quatro vezes em seu evangelho João se refere a si mesmo como o discípulo "a quem Jesus amava" (Jo 13.23; 19.26; 21.7,20). Essa frase costumava me incomodar, porque sentia que ela implicava exclusividade. Pesquisas revelaram que a frase "a quem Jesus amava" não era uma questão de *atitude*, mas sim de *comportamento*. "A quem Jesus amava" expressa ação. Em outras palavras, isso denota a pessoa "a quem Jesus envolvia em amor" ou "a quem Jesus abraçava."

Jesus não amava a João mais do que a Mateus ou Pedro, mas Ele expressava esse mesmo amor a João mais ativamente do que fazia com os outros onze. Por quê? João era o único disposto a reclinar sua cabeça no peito de Jesus. Portanto, nenhuma parcialidade foi implicada, somente disponibilidade. João queria, até precisava, de um abraço. Os outros também (não precisamos todos?). Mas somente João estava disposto a ficar perto de Jesus o suficiente para receber seu abraço.

Vamos ler o versículo da seguinte maneira: "agora um dos discípulos de Jesus estava se reclinando no peito de Jesus, a quem Jesus estava abraçando com amor". Jesus amava a todos os seus discípulos, porém a maioria deles se sentia muito desconfortável em se aconchegarem à Palavra Encarnada exatamente como a maioria hoje demora a corresponder ao amor de Deus quando sentem sua presença na adoração. Isso nunca deixa de me surpreender, mesmo depois de um quarto de século de ministério. Observar como o povo de Deus se sente desconfortável com Deus!

Mesmo se nós, ao contrário de Pedro, não seguirmos a Deus "a distância", tendemos a mantê-lo próximo, mas não tão perto. Desejamos ficar próximos do Senhor, mas não próximos demais, porque percebemos "nossas imperfeições grosseiras à luz de sua santidade. Vamos encarar o seguinte fato: ainda tememos ser rejeitados por Deus".

João sabia que Jesus era Deus encarnado e que podia abraçá-lo desde que Jesus estivesse lá (veja 1 Jo 1.1). Além disso, João compreendia que seu Senhor era amor em forma humana e que a necessidade de seu coração de ser amado poderia ser plenamente atendida pelo "Homem amor". João estava se comportando como as crianças fazem quando desejam ser abraçadas enquanto contemplam os paradoxos da vida. Essa era a verdadeira terapia do amor!

Jesus não mudou. Jesus ainda abraça.

Benefícios do amor

A primeira mudança causada por essa percepção de amor foi a transformação de João em uma pessoa que amava a Deus: *"Nós amamos porque ele nos amou primeiro"* (1 Jo 4.19 – meus itálicos). João não teria se vangloriado, "Oh, como amo Jesus". Sua canção era, "Jesus ama até mesmo a mim".

João percebeu que o homem, fora da influência da graça, não ama a Deus, mas em vez disso, o odeia. Nosso amor por Deus nunca é algo que iniciamos, mas, na verdade, é seu amor por nós que é correspondido. A fraqueza (desamor) de João foi substituída pela força (amor) de Deus. O amor tornou-se a marca registrada de João a ponto de ele vir a ser chamado de "o apóstolo do amor".

A segunda coisa que o amor fez foi substituir o medo de João por coragem: *"Dessa forma o amor está aperfeiçoado entre nós, para que... tenhamos confiança... No amor não há medo; ao contrário o perfeito amor expulsa o medo"* (1 Jo 4.17-18 – meus itálicos).

Como exemplo dessa coragem, considere a crucificação de Jesus. João foi o único discípulo, que após abandonar o Senhor com os outros, voltou para o seu mestre dentro de um curto período de tempo correndo o risco de ser preso e executado. O amor expulsou o medo de João sete semanas antes de ele receber o poder do Espírito Santo.

Não há dúvida que, ao diminuir o pânico inicial devido à prisão de Jesus, João caiu em si em alguma rua de Jerusalém. "O que estou fazendo aqui?", ele pensou. "Jesus é a única pessoa que me amou daquela forma especial. Como posso deixá-lo agora?". A lembrança de sua cabeça recostada ao peito de Jesus, apenas algumas horas antes, fez com que ele caísse em si. O amor que ele recebeu mais cedo agora expulsava seu medo e ele se encaminhou para a área de julgamento. Ele encontrou Jesus no pátio da casa de Caifás e permaneceu com ele até o fim. Certamente, esse foi um arrependimento com o qual os outros conviveram pelo resto de seus dias: o fato de não terem contemplado as últimas horas de seu Mestre. Os outros discípulos foram mantidos cativos pelos mesmos medos que João já tinha superado. A única diferença entre eles foi que somente João reclinou sua cabeça no peito de Jesus durante a última ceia.

Isso lança luz quanto ao motivo pelo qual muitas mulheres que seguiam Jesus estiveram aos pés da cruz. As mulheres são mais suscetíveis ao amor do que os homens; além disso, elas correspondem ao amor mais livremente do que a maioria dos homens. Os homens são treinados para bloquear suas expressões de amor e para tentar satisfazer suas necessidades de amor de outras maneiras. Eles buscam esportes, dinheiro, poder ou outros objetivos em suas vãs tentativas de satisfazerem seu amor não satisfeito. As mulheres são mais honestas sobre seus sentimentos. Como João, não havia medo em seu amor, pois se aglomeraram aos pés da cruz. Elas eram consumidas pelos pensamentos de seu Mestre ferido, não por pensamento de autopreservação. O amor nos tira do foco de nós mesmos e coloca as outras pessoas em foco. *O medo pode existir somente em uma atmosfera em que uma pessoa seja o seu próprio foco.*

Li um artigo de jornal, não faz muito tempo, sobre um homem que correu para um prédio em chamas para salvar uma criança. Quando lhe perguntaram porque ele, um espectador, arriscou a própria vida para salvar um estranho, ele respondeu, "Não parei para pensar em mim mesmo". A lei da autossobrevivência foi anulada pela lei superior do amor.

Que conforto para um Homem prestes a morrer, ver alguém que reclinou em seu peito, seu único amigo do peito, perto de sua mãe que dependia inteiramente de seu Filho para lhe sustentar. Jesus transferiu o cuidado terreno por sua mãe a João quando foi pendurado na cruz (veja Jo 19.26-27). (A última vez que o marido de Maria foi mencionado foi em Lucas 2, quando Jesus tinha 12 anos. Os estudiosos presumem que José morrera logo após aquela época e que, por isso, Jesus, o filho mais velho, sustentava Maria com seu trabalho de carpinteiro e ministério).

Espalhou-se o rumor de que João não morreria devido a sua bravura junto ao Gólgota, mas viveria até a Segunda Vinda. Os estudiosos dizem que esse é o motivo da existência do último capítulo de João. O capítulo 21 é um tipo de apêndice ao seu evangelho explicando aos leitores que Jesus nunca disse que ele não iria morrer, mas se ele iria ou não viver até a volta de Cristo, isso não era da conta de Pedro. João finalmente morreu, mas, segundo a tradição da Igreja, não foi através de um martírio horrível e agonizante como o dos outros apóstolos originais. João foi o único que não sofreu martírio e também foi o único que testemunhou a crucificação.

Haveria uma possível conexão entre esses dois fatos?

"Filhos do trovão"

Quando Jesus chamou Tiago e João de "os *filhos* do trovão" (Mc 3.17 – meus itálicos), talvez ele estivesse se referindo à disposição de Zebedeu, seu pai. Zebedeu era frequentemente mencionado nos Evangelhos, porque ele veio a se tornar um proeminente seguidor de Jesus, mas uma fraqueza de caráter foi revelada no nome que Jesus deu a Tiago e a João quando os identificou como "filhos do trovão". A fraqueza de caráter, naturalmente, era seu temperamento intempestivo, um problema de ira descontrolada. Hoje, Zebedeu seria classificado como um "viciado em ódio" ou "viciado em raiva" pelos terapeutas. Os viciados em raiva têm temperamentos imprevisíveis, embora eles sejam exemplares em relação ao comportamento moral das outras pessoas. Eles abusam da esposa e dos filhos por causa de suas explosões de raiva. Eles abusam das outras pessoas emocionalmente, verbalmente e, às vezes, fisicamente. Eles geralmente são pessoas que sofreram esse mesmo tipo de abuso na infância.

A Bíblia ensina uma verdade paralela chamada "os pecados dos pais"; um tema que vai do Antigo ao Novo Testamento. Embora a igreja tenha amplamente ignorado essa verdade, nós constantemente lidamos com os resultados desse problema. Os pecados dos pais são transferidos para os seus filhos, tanto pelo exemplo parental como pela iniquidade genética. Esse é o motivo pelo qual os conselheiros fazem com que seus aconselhados esbocem um "genograma" logo no início de seus programas. O genograma de uma árvore genealógica, que identifica os pais, os avós, tias, tios, etc. e seus hábitos destrutivos específicos. Isso porque o conselheiro aprendeu, através de milhares de casos, o que a Bíblia tem ensinado por séculos: as fraquezas de caráter são passadas de "geração a geração".

Essa verdade pode ser responsável pela raiva que vemos nesses dois irmãos, Tiago e João. João, especificamente, manifesta as características de um vulcão em erupção no ministério de salvação em um momento e os samaritanos são os próximos. Jesus discerniu essa fraqueza de caráter e lhes deu o título desfavorável de "rapazes relâmpagos" desde o início de seu relacionamento com eles. Para a mente hebraica, um nome denota a natureza. Quando eles manifestaram suas personalidades vulcânicas, isso não surpreendeu Jesus, pois nossos pecados não o pegam desprevenido.

Considere o poder de transformação da graça e do amor de Deus. Aqui está um homem que é nomeado após sua demonstração de temperamento irascível no início de sua caminhada com Jesus. Anos depois, São João, o Amado, é conhecido mais uma vez por sua natureza e nomeado como "Amado" e o "Apóstolo do amor" por aqueles que o conhecem.

Isso deve nos incentivar muito. Se Deus pôde fazer isso por João, Ele também pode nos tornar "amorosos" e corrigir todas as nossas fraquezas de caráter. Louvado seja o seu nome! Ele é imutável e todo-poderoso (veja Ml 3.6, Hb 13.8).

Como o Senhor transformou João? Ao satisfazer sua necessidade de amor não satisfeita. João nunca tinha conhecido o amor ágape antes de conhecer Jesus, e Jesus curava uma dor profunda da alma de João sempre que ele reclinava sua cabeça no peito de Jesus. (Os estudiosos dizem que João 13.23 retrata um padrão de comportamento, não uma única ocorrência.) Porque nosso Senhor não faz acepção de pessoas, todos nós podemos ir ousadamente até Ele, sabendo que Ele não nos rejeitará, e receber seu abraço de amor.

Para sua consideração

1. Qual é "a mensagem de amor"?

___
___

2. O que mais João enfatiza: o amor de Deus por nós ou nosso amor uns pelos outros?

___
___

3. João sempre fora amoroso ou seu temperamento era marcado pela ira?

___
___

4. Você se sente incentivado com o fato de Deus ter transformado o caráter de João e, por isso, Ele poderá transformar o seu? Seu caráter precisa ser transformado?

___
___

5. Como João conseguiu superar o medo com relação à prisão de Jesus e o seguiu do pátio da casa de Caifás até o Gólgota?

___
___

Capítulo Cinco

AS CARACTERÍSTICAS DO AMOR
Revelação de Paulo, Parte Um

O amor é paciente, o amor é bondoso.
Não inveja, não se vangloria, não se orgulha.
O amor não se alegra com a injustiça,
mas se alegra com a verdade.
Tudo sofre, tudo crê, tudo espera, tudo suporta.
O amor nunca perece... O amor não pratica o mal contra o próximo...
o amor perdoa muitíssimos pecados.
1 Co 13.4-8; Rm 13.10; 1 Pe 4.8 – meus itálicos

Andar em amor

PAULO NOS EXORTA PARA SERMOS "imitadores de Deus, como filhos amados, *e andai em amor*, como também Cristo nos amou" (Ef 5.1-2 – meus itálicos). Para podermos andar em alguma coisa, temos que conhecer o que é para podermos reconhecê-la e segui-la. No Capítulo Dois, prometi que estudaríamos as características do amor e tentaríamos descrever o amor por essas características. Além das quatro palavras gregas, que também estudamos no Capítulo Dois, chegamos a uma descrição bem clara, com base nas revelações divinas, do que é que constitui o verdadeiro amor. Discernimos o falso amor do amor verdadeiro ao experimentarmos o amor verdadeiro. Essa é a mesma técnica usada pelos especialistas da Casa da Moeda para aprender o que é dinheiro falso. Eles são treinados ao manusear dinheiro verdadeiro. Depois de aprenderem as características da cédula verdadeira, torna-se fácil para eles detectarem as cédulas falsas.

Alertamos anteriormente como o mundo diz que o amor é indefinível, mas a Palavra de Deus apresenta características específicas do amor, que, tomadas como um todo, descrevem o amor e dessa forma podemos discernir o que é e o que não é amor. Isso facilita a avaliação de nosso andar em amor pessoal. Podemos saber, ao internalizarmos essas características, quando não estamos andando em amor e, assim, fazermos os ajustes necessários.

Pilares do amor

Há três pilares básicos do amor: o *amor sofre*, o *amor se alegra* e o *amor perdoa*. À medida que compreendo esses três pilares, cada uma das outras características do amor flui de um deles. O que é um pilar? É um ponto crucial como a curva de um rio que determina uma direção ou um curso ou um aspecto a partir do qual várias características do amor fluem. Um pilar é como um cenário de jardim que exibe as várias flores que crescem nele. Um canteiro exibe o amor na beleza do sofrimento. Outro pilar exibe o amor com o tema da alegria do amor. Um terceiro pilar mostra como o amor perdoa aquilo que toca.

Deixe-me explicar da seguinte maneira. Há várias características do amor que crescem no canteiro do sofrimento e que exibe cada característica do amor em toda a beleza que ele reflete (o amor sofre). Há outro pilar que define a liberação da alegria do amor expressando a alegria do amor (o amor se alegra). Há um terceiro pilar que, como um carpete ou um canteiro de flores, perdoa (cobre) a feiura que esconde (o amor perdoa).

As seguintes características do amor (*ágape*) são enumeradas em 1 Co 13.4-8, Rm 13.10, 1 Pe 4.8. As observações que acompanham cada característica são tiradas de paráfrases, comentários ou são minhas próprias considerações.

PILAR UM: o amor sofre

O primeiro pilar pode ajudar a explicar o motivo porque, às vezes, existe tão pouco amor entre nós. Geralmente achamos que dar amor é algo inconveniente para nossa natureza carnal. Mais do que inconveniência é o fato que o amor fere. O amor realmente fere, especialmente quando ele é ignorado ou não correspondido e ninguém quer se ferir. Entretanto, se desejamos nos tornar parecidos com Jesus, teremos que crescer acostumados com o *sofrimento causado pelo amor*.

Um dia, quando estava meditando na cruz, o Espírito Santo falou um princípio em meu coração: **o amor não é expresso até um sacrifício ser feito**. Esse princípio se mantém verdadeiro em todas as áreas do amor. Poderíamos considerar vários exemplos de amor sacrifical, mas para ser breve, vamos analisar somente um, o amor de mãe.

Uma boa mãe se sacrifica continuamente em favor de seu filho. Desde os incômodos da gestação até a angústia do parto, ela se sacrifica para dar vida. Seu parto exige um alto preço, tanto durante como após; mas assim que ela abraça seu bebê a dor é esquecida. Entretanto, isso não é o fim de seu amor sacrifical. Durante todas as transformações do crescimento e desenvolvimento do filho, uma boa mãe sabe o que significa se sacrificar para expressar amor. Ela demonstra amor até morrer, mesmo quando seu filho já tem 60 anos, e quanto maior é o sacrifício que ela faz mais alegria sente. Cada filho recebe um tipo diferente de seu amor sem limites e se une a ela de um modo ligeiramente diferente. Cada um é amado de forma exclusiva.

Ela sofre à medida que ama, embora o amor tenha um modo de transformar o sacrifício em alegria, então ela poderá dizer a você que nunca se sacrificou por nenhum de seus filhos. Qualquer espectador objetivo discordaria com um sorriso de aprovação. O amor de mãe é evidenciado em toda a natureza como a galinha queimada cujos pintinhos correm para debaixo de suas asas queimadas.

Tenho observado a forma como Dianne ama nossos filhos com admiração e apreço. Ela sofre com as dificuldades diárias de cada um. Ela expressa um amor imutável por eles através de seus constantes sacrifícios de seu tempo, energia e recursos. Nada é melhor do que nossos filhos e eles são as crianças mais maravilhosas do mundo (exagero do autor).

Na cultura ocidental, vamos até as últimas consequências para evitar o sofrimento, mas nosso esforço é em vão, pois *todas as pessoas em todos os estágios da vida sofrem de alguma maneira*. A maior parte do sofrimento experimentado por nossa sociedade não é um sofrimento de redenção e tem pouca serventia, porque é o *sofrimento decorrente do pecado*. Esse tipo de sofrimento é benéfico somente quando ajuda a aproximar as pessoas de Deus.

Entretanto, todo sofrimento decorrente da demonstração do amor divino, é benéfico independentemente dos resultados externos. É um sofrimento com propósito, com um ponto de vista em mente, esse é o verdadeiro sofrimento. Fere entregar a vida pelas outras pessoas. Quando você ama as pessoas, sofre com o pecado, a tristeza e a enfermidade delas. *Ter o coração de Jesus é ter um coração que sangra.*

Jesus evidenciou o amor que sofre não somente na cruz, mas em toda a sua vida terrena. Seu coração se rasgando em choro por Jerusalém e no túmulo de Lázaro revela o amor ferido de Deus de uma forma carinhosa e tocante. Se formos amorosos, seremos sensíveis com a dor dos outros e nos feriremos com sua dor à medida que carregarmos seus fardos. Essa é a forma de cumprirmos a "lei de Cristo" (Gl 6.2).

O sofrimento do amor logo abre caminho para a alegria do amor que leva embora toda a dor e faz com que a pessoa que ama experimente grande alegria e paz. Caso contrário, todas as pessoas que amam seriam esmagadas pelo sofrimento após um breve período. O amor que sofre drena as emoções; o amor que se alegra reabastece a alma.

Cada uma das características nesta seção envolve o sofrimento de amor de uma maneira ou outra.

1. O amor é paciente

O amor permanece o mesmo sob pressão. O amor é constante. A impaciência é desamor e uma fuga do sofrimento da inconveniência.

2. O amor é bondoso

O amor desvia seu caminho para ser generoso. O amor é gentil. A dureza é uma fuga inadequada do sofrimento de restrição. O amor procura um modo de ser construtivo.

3. O amor não inveja

O amor nunca ferve de inveja. O amor se alegra quando as outras pessoas são abençoadas (veja 1 Co 12.26). O amor nunca fica ansioso para impressionar, nunca é invejoso e não se ressente das bênçãos que as outras pessoas recebem. A inveja libera o prazer da ambição. O orgulho de alguém sofre, a princípio, para se alegrar com as bênçãos que outras pessoas recebem gratuitamente.

4. O amor não se vangloria

O ato de vangloriar-se é excluído pelo amor, visto que "Toda vanglória como essa é maligna" (Tg 4.16). O amor não faz alarde, não toca trombeta. Às vezes, temos que morder nossos lábios para não nos vangloriarmos, pois a lei de amor exclui isso.

5. O amor não se orgulha

Ele não fala com altivez. O amor é acessível e disposto a considerar as opiniões das outras pessoas. O amor não é arrogante, não toma ares, não gosta de ideias cheias de orgulho de sua própria importância. O amor não é orgulhoso, não é arrogante. O orgulho carnal vai contra esse amor até o trazermos sob a lei do reino.

6. O amor não maltrata

O amor nunca é rude, grosseiro ou desatencioso. O amor não interrompe conversas, não bate portas nem telefones. O amor não levanta a voz. O amor considera o tom em que fala com os outros, sabendo que "A resposta calma desvia a fúria, mas a palavra ríspida desperta a ira" (Pv 15.1).

7. O amor não procura os próprios interesses

O amor não é egoísta, não procura seus interesses, não se autoabsorve. O amor transforma a personalidade humana de recebedora para doadora. O amor se preocupa com os outros. "Deus tanto amou o mundo que deu", e nós amaremos tanto que passaremos a dar quando o amor governar nossos corações. O amor deseja o bem maior dos outros. O amor não insiste em sua própria maneira. O amor é acessível. Tudo isso vai contra a nossa natureza decaída.

8. O amor não se ira facilmente

Quando somos provocados saímos do amor e entramos em nossa natureza carnal. "pois a ira do homem não produz a justiça de Deus" (Tg 1.20). O amor mantém a cabeça fria; ele não dá lugar a explosões de ira. O amor suporta; ele não é melindroso.

9. O amor não guarda rancor

Essa característica está em conformidade com a tradução "não suspeita mal" Almeida Atualizada da Bíblia. O amor não tem lista negra nem balanços. O amor esquece o mal que ele perdoa. Ele não reprocessa velhos erros de corações arrependidos. Ele não sente prazer em pisar no abatido. O amor não se lembra dos erros cometidos pelas outras pessoas.

10. O amor não se alegra com a injustiça

O amor não ri com zombarias. A iniquidade fere o amor; ele não tem mau gosto. O amor não encontra prazer nas coisas erradas. O amor se alegra em sacrificar os prazeres carnais em favor dos deleites espirituais.

11. O amor tudo suporta

O fardo do amor nunca é pesado demais. O amor demora para desistir e tudo suporta. Não há nada que o amor não possa enfrentar.

12. O amor tudo sofre

O amor não desiste; ele sofre sem limites. Não há nada que o amor não possa vencer. O amor sacrifica o luxo de desistir.

PILAR DOIS: o amor se alegra

A alegria do amor é o alívio que o amor traz após a dor que ela causa pela renúncia. O amor que se alegra traz *liberação* e *realização* para a vida de uma pessoa. Essa é a parte divertida de amar as outras pessoas ao contrário da dor causada pela compaixão que pode ser uma dor intensa, incluindo um ódio real pelo perpetrador da doença, enfermidade ou falha (Satanás).

O amor que se alegra traz uma liberação divina do fardo que o amor que sofre nos fez carregar. Esse pilar de amor nos direciona para Deus e nos liberta do fardo, da preocupação que tínhamos com relação à situação.

Todo mundo aprecia o aspecto alegre do amor, mas Deus o designou de forma que esse pilar seguisse naturalmente o primeiro. O amor sofre antes de se alegrar.

13. O amor se alegra com a verdade

O amor dá cambalhotas quando ouve a verdade. O amor fica ao lado da verdade com alegria e sempre se alegra quando a verdade prevalece. O amor nunca compromete a verdade quando ele sofre ou perdoa (cobre), mas fala a verdade em amor. O amor gera a alegria da justiça.

14. O amor tudo crê

O amor é ávido por acreditar no melhor a respeito de todas as pessoas; não há fim em sua confiança. O amor tem uma fé insaciável, ele está pronto em acreditar uma segunda vez.

15. O amor tudo espera

O amor proíbe o desencorajamento e espera sob todas as circunstâncias. O amor é otimista diante das circunstâncias negativas, acreditando que todas as coisas cooperam juntas para o bem, segundo a vontade de Deus. O amor continua procurando uma maneira de vencer e, como ele não falha, sempre encontra alegria tanto no fracasso quanto no sucesso.

PILAR TRÊS: o amor perdoa (cobre)

A cobertura do amor revela esse aspecto de Deus que não se alegra com as falhas dos outros e procura cobrir (perdoar) a pessoa com a mazela. Às vezes, medidas extremas são tomadas, mas sempre visando ajudar e não destruir a pessoa em erro.

O amor que perdoa (cobre) faz com que coloquemos a mão na boca e não transmitamos informações sobre o ocorrido que não possam ser usadas para restaurar. O amor que cobre redime, restaura e se alegra.

16. O amor nunca perece

O amor não se entrega nem se torna ineficaz. O amor é irresistível. O amor não desiste. Sua luz não diminui de intensidade nem se apaga. O amor não tem eclipse. Essa característica não significa que o amor nunca falhará em conseguir o objeto de seu desejo, mas que o amor sempre faz um depósito em toda a situação em que a natureza de Deus pode ser vista.

17. O amor não prejudica

O amor nunca prejudica o próximo. O amor não se vinga, mas permite que Deus lide com os ofensores. O amor não pratica o mal.

18. O amor perdoa muitíssimos pecados

O amor não conta quantas vezes perdoa. Ele não expõe as outras pessoas. O amor perdoa as situações em que foi ferido e não se lembra delas.

Como fazer o teste de amor

Depois de você ter se familiarizado com essas características do amor, poderá avaliar especificamente quanto amor está operando em sua vida de um modo bem simples: *antes de cada característica substitua "amor" por seu nome!* Por exemplo, falo: David é paciente. David é bondoso...

Faça esse exercício com espírito de oração e sem pressa. Então, depois que você tiver percorrido cada uma das características inserindo seu nome, coloque o nome de Jesus na frente de cada característica. "Jesus é bondoso. Jesus perdoa muitíssimos pecados..." Você será incentivado à medida que pensar em Jesus.

Conclua o teste dizendo, "Jesus em mim é bondoso. Jesus em mim não é egoísta. Jesus em mim tudo suporta..."

E isso, naturalmente, é a verdadeira chave para amar os outros: *Cristo em nós os ama*. Deus deseja que passemos a ter a "mente de Cristo" (veja Col 1.27; 1 Jo 4.4; 2 Co 13.5).

As pessoas mais próximas a mim me dizem que veem o Senhor trabalhando mais intensamente em minha vida desde que comecei a fazer um exame regular com o "teste de amor". As pessoas mais próximas a você farão comentários similares depois de você ter exercitado o "teste de amor" por um pequeno período de tempo. Até agora, foi isso que aconteceu com todos aqueles que seguiram esse conselho.

Para simplificar o teste, listei as características abaixo com uma lacuna em cada uma. O que você pode fazer é percorrer a lista três vezes. Na primeira vez, coloque o seu nome na lacuna. Na segunda vez, diga "Jesus" antes de cada característica. Na terceira vez, coloque "Jesus em mim" antes de cada uma. Somente ao fazer isso três vezes, sem pressa e com sentimento, você poderá apreender o significado pleno do "teste do amor". Leve em consideração o fato de que o amor não é intelectual, mas espiritual. Não se apresse durante o teste. Faça-o com calma. O amor deve ser desenvolvido.

Teste do amor

Um exercício para desenvolver o amor

Instruções: faça o teste lentamente. Primeiro, coloque seu nome vocalmente em cada lacuna. Segundo, coloque o nome de "Jesus" em cada lacuna. Terceiro, coloque "Jesus em mim" em cada lacuna. Não se apresse em fazer o teste ou o faça somente em sua mente. Faça o teste de acordo com o seu ritmo e seja sensível às impressões do Espírito Santo.

PARTE A: Escreva o seu nome em cada lacuna.

_____ sofre.
_____ é paciente.
_____ é bondoso.
_____ não é invejoso.
_____ não se vangloria.
_____ não se orgulha.
_____ não maltrata.
_____ não procura os próprios interesses.
_____ não se ira facilmente.
_____ não guarda rancor.
_____ não se alegra com a injustiça.
_____ se alegra com a verdade.
_____ tudo sofre.
_____ tudo crê.
_____ tudo espera.
_____ tudo suporta.
_____ nunca perece.

_____ não prejudica.
_____ perdoa muitíssimos pecados.

PARTE B: Escreva "Jesus" em cada lacuna.
_____ sofre.
_____ é paciente.
_____ é bondoso.
_____ não é invejoso.
_____ não se vangloria.
_____ não se orgulha.
_____ não maltrata.
_____ não procura os próprios interesses.
_____ não se ira facilmente.
_____ não guarda rancor.
_____ não se alegra com a injustiça.
_____ se alegra com a verdade.
_____ tudo sofre.
_____ tudo crê.
_____ tudo espera.
_____ tudo suporta.
_____ nunca perece.
_____ não prejudica.
_____ perdoa muitíssimos pecados.

PARTE C: Escreva "Jesus em mim" em cada lacuna.
_____ sofre.
_____ é paciente.

_____ é bondoso.

_____ não é invejoso.

_____ não se vangloria.

_____ não se orgulha.

_____ não maltrata.

_____ não procura os próprios interesses.

_____ não se ira facilmente.

_____ não guarda rancor.

_____ não se alegra com a injustiça.

_____ se alegra com a verdade.

_____ tudo sofre.

_____ tudo crê.

_____ tudo espera.

_____ tudo suporta.

_____ nunca perece.

_____ não prejudica.

_____ perdoa muitíssimos pecados.

Pratique esse "teste do amor" por trinta dias e observe as mudanças que ocorrerão em suas atitudes e comportamentos.

Para sua consideração

1. Quais são os três pilares do amor?

_____

_____

_____

2. O que é um "pilar do amor"?

_____
_____
_____

3. Liste pelo menos dez características do amor:

_____
_____
_____

4. Você acha que o "teste do amor" é um exercício espiritual de boa-fé que poderá ajudá-lo em seu desenvolvimento?

_____
_____
_____

5. Você empregará essa prática em sua vida por pelo menos alguns dias e continuará praticando caso perceba mudanças positivas?

_____
_____
_____

Capítulo Seis

O FRUTO DO ESPÍRITO SANTO É AMOR

Revelação de Paulo, Parte Dois

Mas o fruto do Espírito é amor, alegria, paz, paciência, amabilidade, bondade, fidelidade, mansidão e domínio próprio. Contra essas coisas não há lei.
Gl 5.22-23 – meus itálicos

O amor denota maturidade

No capítulo dois, mostrei como o amor é a maior prova de maturidade na vida de um crente:

O amor é a maior prova de maturidade

Antigamente eu examinava tudo *exceto* o amor para determinar a maturidade de um determinado cristão. O quão versado ele é nas Escrituras? O quanto ela ora? Quão capacitado ele é para realizar seu chamado?

Agora percebo como era absurdo esse critério, porque "conhecimento traz orgulho", a oração pode funcionar e os dons falam da bondade de Deus, não da grandeza de uma pessoa.

Atualmente, procuro evidências de amor na vida de uma pessoa, porque "o fruto do Espírito é amor" (Gl 5.22). "Fruto" (Gg. *karpos*) efetivamente significa **crescimento**. "O crescimento do Espírito é amor" é outra maneira de fazer essa colocação (bem como as outras enumerações que ocorrem nos versículos 22 e 23). Estudaremos isso mais detalhadamente neste capítulo.

O quanto um crente cresceu no Senhor? Observe suas demonstrações de amor em tudo o que ele diz e faz.

Quanto mais pondero sobre a verdade de que a maturidade é medida pelo amor, mais me convenço de que o *crescimento espiritual é medido pelo amor evidenciado na vida de cada cristão*.

O amor cumpre a lei

Relembre as características do amor do capítulo anterior e deixe sua mente meditar nessas várias descrições do amor. Resumindo, elas são:

O amor sofre.

O amor é paciente.

O amor é bondoso.

O amor não é invejoso.

O amor não se vangloria.

O amor não se orgulha.

O amor não maltrata.

O amor não procura os próprios interesses.

O amor não se ira facilmente.

O amor não guarda rancor.

O amor não se alegra com a injustiça.

O amor se alegra com a verdade.

O amor tudo sofre.

O amor tudo crê.

O amor tudo espera.

O amor tudo suporta.

O amor nunca perece.

O amor não prejudica.

O amor perdoa muitíssimos pecados.

À medida que você considerar essas características, acredito que concordará comigo que a santidade, a ética e a beatitude estão intrinsecamente enraizadas no amor. A essência do caráter divino é o amor que é a essência de Deus, sua natureza e seu próprio ser é amor. Para seguir o amor, siga a Deus. Quanto mais uma pessoa ama, mais parecida com Deus se torna.

Isso explica porque Paulo foi capaz de dizer, *"Toda a Lei se resume num só mandamento: Ame o seu próximo como a si mesmo"* (Gl 5.14 – meus itálicos). **Tudo o que Deus exige está resumido no amor**! "O amor é o cumprimento da lei" (Rm 13.10).

Considere o Decálogo. Se amo o meu próximo, não vou querer roubá-lo, dar falso testemunho contra ele, cobiçar seus bens materiais ou violar qualquer um dos seis mandamentos relacionados ao homem. Se amo a Deus, não servirei a ídolos, não blasfemarei seu nome nem violarei nenhum dos quatro mandamentos relacionados a Deus. Os dez mandamentos são cumpridos no amor e demonstrados através do amor. (Para obter uma discussão mais completa sobre isso, veja o Capítulo Dez).

O fruto é amor

Há algumas semanas, estava meditando no amor quando o Senhor falou ao meu coração, "O fruto do Espírito Santo é amor". Parei e ouvi novamente, "O fruto do Espírito Santo é amor". E, em seguida, uma terceira vez, "O fruto do Espírito Santo é amor".

Finalmente, percebi o que o Senhor estava tentando me ensinar. (Aprendo rápido, não?) Antes diria, "O fruto do Espírito é amor, alegria, paz, paciência, amabilidade, bondade, fidelidade, mansidão e domínio próprio".

Em vez de considerar o amor como uma parte do fruto separada das outras, o Espírito Santo estava me impingindo a ver que cada uma das partes do fruto procedia do amor. Conforme ouvia seu ensinamento, meu coração pulava de alegria. Acredito que cada uma das nove partes do fruto é distinta uma da outra, mas o ponto que o Senhor estava me levando a acreditar em meu coração é que cada uma delas procedia do amor *que é o motivo pelo qual é citado primeiro*. O amor é o **fruto motivacional**.

A palavra "fruto" é a palavra grega *karpos* que pode ser traduzida como "crescimento, colheita". Deixe-me adaptar as seguintes declarações à luz de:

O CRESCIMENTO NO ESPÍRITO É AMOR...

O *amor* é o crescimento do Espírito em nossas vidas porque...

A alegria é a **expressão** do amor,

A paz é a **percepção** do amor,

A paciência é a **resistência** do amor,

A amabilidade é a **administração** do amor,

A bondade é o **caráter** do amor,

A fidelidade é a **resposta** do amor,

A mansidão é a **disposição** do amor,

O domínio próprio é o **controle** do amor.

Deixe-me amplificar essas declarações para permitir uma melhor compreensão:

A alegria é experimentada quando o amor é expresso. Considere a adoração. Conforme você expressa seu amor ao Senhor, experimenta sua alegria. Conforme você expressa seu amor às outras pessoas, também experimenta alegria. Os cristãos mais felizes são aqueles que praticam a obra com amor. A *alegria* é a **expressão** do amor.

A paz é experimentada quando percebemos o quanto nosso Pai nos ama. Nos braços grandes e poderosos de Deus não pode haver medo nem preocupação. A *paz* é a **percepção** do amor.

A paciência é definida, de forma bem-humorada, como "longa" e "sofredora". A paciência ou longanimidade permanece mesmo sob todo o tipo de pressão, o que pode ocorrer somente quando o amor está sustentando uma pessoa. A *paciência* é a **resistência** do amor. "O amor é paciente" (1 Co 13.4).

A amabilidade é como as outras pessoas percebem o amor de Deus em nossas vidas. Essa é a forma como aqueles ao nosso redor recebem o Amor de Deus através de nós. Uma pessoa gentil é frequentemente descrita como alguém que "tem muito amor" em sua vida. Esse é o motivo pelo qual Davi foi grandemente exaltado (veja Sl 18.35). A *amabilidade* é a **administração** do amor.

A amabilidade descreve a aparência do amor. A Palavra de Deus diz que Deus é "bom" e é "amor" em sua natureza e caráter (Sl 73.1; 1 Jo 4.8, 16). A *amabilidade* é o **caráter** do amor.

A fé é como respondemos ao amor. Quando eu era criança meu pai pedia para eu pular em seus braços. "Veja como meus músculos são grandes", o papai falava, "Agora pule!" Me lembro de olhar para aqueles braços, ainda em dúvida, mas o medo desaparecia quando e eu desviava meu olhar dos seus braços para os seus olhos.

Tudo o que eu conseguia ver em seus olhos era o amor concentrado por mim e como "não há medo no amor", eu pulava do curral. Estava convencido a agir com fé mais por causa do amor do papai do que por sua habilidade. A *fé* é a **resposta** do amor ou pode ser mais claro dizer que *a fé está respondendo ao amor.*

Jesus, o "amor personificado" disse, "sou manso e humilde de coração" (Mt 11.29). A *mansidão* é a **disposição** do amor.

O amor tem o poder de governar e controlar nossas vidas. Além do nosso amor por aqueles que nos cercam, nos disciplinaremos para melhor servi-los. O *domínio próprio* é o **controle** do amor.

Deixe-me enfatizar que cada uma das partes desse fruto é distinta, porém o amor é a motivação por traz de cada uma delas ou a raiz que produz cada parte do fruto. Pegue a parte do fruto da paciência, por exemplo. Paulo identifica a paciência como uma parte do fruto em Gl 5.22, mas ele também diz "o amor é paciente" em 1 Co 13.4. Portanto, ele identifica a paciência como uma das muitas características do amor. É o mesmo, não é? E, ainda, a paciência é distinta da parte amor do fruto.

É fácil olhar para a igreja e verificar muitos exemplos de desamor ou falta de amor na vida do povo de Deus. Em vez de sermos críticos de nós mesmos, é imperativo que nos tornemos parte da solução ao manifestar amor em tudo o que dizemos e fazemos. O amor não criticará aqueles a quem ele perdoa (cobre) nem se comprometerá com as falhas que percebe, mas o amor tratará os erros de uma pessoa visando ajudá-la.

O amor é a própria recompensa

Ainda que eu fale as línguas dos homens e dos anjos, se não tiver amor, serei como o sino que ressoa ou como o prato que retine.

Ainda que eu tenha o dom de profecia e saiba todos os mistérios e todo o conhecimento, e tenha uma fé capaz de mover montanhas, se não tiver amor, nada serei.

> *Ainda que eu dê aos pobres tudo o que possuo e entregue o meu corpo para ser queimado, se não tiver amor, nada disso me valerá.*
>
> 1 Co 13.1-3 – meus itálicos

Uma das coisas mais encantadoras sobre o amor é a forma como Deus o projetou para cuidar de todos os desapontamentos inerentes da vida e obra cristãs. Os desapontamentos são inevitáveis. Há decepções, reveses, falhas, equívocos e outros desgostos. O grego literal de Rm 5.5 diz; "*E a esperança não nos decepciona, porque Deus derramou seu amor em nossos corações, por meio do Espírito Santo que ele nos concedeu*" (meus itálicos). Se não fosse pelo poder do amor de Deus, os desapontamentos nos esgotariam. Na verdade, aqueles que são esgotados pelas falhas alheias têm falhado consigo mesmo na área do amor.

O amor restaura a esperança enfraquecida. Quando servimos os outros por amor, não importará para nós se nossos esforços serão bem-sucedidos. Deus nos recompensa com sua alegria, porque nossa motivação é o amor. O amor é a própria recompensa, e o amor é suficiente.

Durante os últimos vinte anos tenho ministrado em várias cadeias e prisões. Tenho observado que a maioria dos ministros de prisão é rapidamente desencorajada pelas dificuldades envolvidas no ministério de cadeia e logo desiste. Um irmão, que está envolvido no ministério de prisão há anos, nunca diminuiu seu zelo por esse esforço exasperante. Ao observar seu zelo, perguntei a Jerry: "O que o mantém perseverando ano após ano?". Sua resposta? **"Eu amo esses homens."** O amor era toda a recompensa que Jerry Ozment, também contador de nosso ministério, precisava para ser motivado a perseverar no ministério de prisão. Com quase todo relatório financeiro que coloca em minha mesa, Jerry pergunta: "Quando você poderá ir conosco novamente?".

Paulo se refere ao aspecto da recompensa do amor em 1 Co 13.1-3. Ele lida com as três áreas: *dons espirituais, obras beneficentes e sacrifício cristão*. Em cada um desses esforços, ele diz que o amor é a recompensa daquele que faz o esforço. Paulo também enfatiza que a ausência de amor indica que a obra, não importando quão benéfica seja para as outras pessoas, deixará vazio quem a fez.

> *Ainda que eu tenha todos os dons, se não tiver amor,* **nada** *sou. Se eu alimentar o pobre ou me sacrificar por Jesus, mas não tiver amor, isso não* **me** *valerá de nada.*
> 1 Co 13.2-3 parafraseado – meus itálicos

Isso fornece percepções quanto ao motivo pelo qual muitos cristãos ativos na obra não têm alegria. Eles perderam a motivação do amor e a substituíram pelo senso de obrigação. Quando servimos a Deus e ao homem como resultado da *devoção,* somos recompensados; quando realizamos os mesmos serviços como resultado da *obrigação* as outras pessoas podem ser ajudadas, mas não nos sentimos realizados. Por quê? Precisamos de uma nova infusão de amor em nossos corações.

Como a esperança e a fé estão relacionadas com o amor

> O amor é paciente, o amor é bondoso. Não inveja, não se vangloria, não se orgulha. Não maltrata, não procura seus interesses, não se ira facilmente, não guarda rancor. O amor não se alegra com a injustiça, mas se alegra com a verdade. Tudo sofre, tudo crê, tudo espera, tudo suporta. O amor nunca perece; mas as profecias desaparecerão, as línguas cessarão, o conhecimento passará.
>
> Pois em parte conhecemos e em parte profetizamos;
>
> Quando, porém, vier o que é perfeito, o que é imperfeito desaparecerá. Quando eu era menino, falava como meni-

no, pensava como menino e raciocinava como menino. Quando me tornei homem, deixei para trás as coisas de menino.

Agora, pois, vemos apenas um reflexo obscuro, como num espelho; mas, então, veremos face a face. Agora conheço em parte; então, conhecerei plenamente, da mesma forma como sou plenamente conhecido.

Assim, permanecem agora estes três: a fé, a esperança e o amor. O maior deles, porém, é o amor.

1 Co 13.4-13 – meus itálicos

A esfera dos dons espirituais, mesmo sendo tão maravilhosa, é uma esfera incompleta. Os dons da revelação e da palavra, Paulo diz que são incompletos – eles fornecem apenas uma visão parcial através de um vidro turvo –, mas eles são necessários até que o retrato inteiro se torne visível. Isso não acontecerá, ele diz, até vermos "face a face" e "conhecerei plenamente, da mesma forma como sou plenamente conhecido". Naturalmente, Paulo se refere à segunda vinda de Jesus. (A esfera dos dons "em parte" aplica-se também aos dons de poder. Não é verdade que os ministérios de cura curam "em parte"?)

Todas as nossas perguntas serão respondidas quando virmos Jesus – os dons não serão mais necessários e todos os ministérios atuais, exceto nosso ministério ao Senhor, cessarão. A fé, indispensável agora, então, será obsoleta; além disso, andaremos por vista, contemplando o Cordeiro (1 Co 5.7). A esperança se cumprirá, porque a "esperança que se vê não é esperança" (Rm 8.24). Quando o Senhor Jesus, que é nossa Esperança Abençoada, aparecer, todas as nossas esperanças serão cumpridas assim que olharmos para Ele na glória da eterna felicidade (veja Tm 2.13).

Como a época em que os dons cessarão se aproxima, não ficaremos preocupados com a ministração das necessidades, desenvolvimento da fé ou manutenção da esperança. Uma única coisa consumirá todos os nossos pensamentos: o amor de Deus, o amor é eterno; fé e esperança são os produtos presentes.

Isso explica, em parte, o motivo de Paulo dizer, "o maior deles é o amor". A explicação integral de como o amor é maior que a fé e o amor tem a ver com a economia atual do Reino de Deus. O amor agora é maior que a fé e a esperança conforme Paulo explica em sua epístola. A fé, ele diz, é ativada pelo amor (veja Gl 5.6). A esperança, ele diz, é abastecida pelo amor (veja Rm 5.5). Esse é o motivo porque o amor é tão vitalmente importante e porque, como Paulo resumiu no versículo seguinte aos Coríntios:

Sigam o caminho do amor e busquem com dedicação os dons espirituais...

1 Co 14.1 – meus itálicos

O poder unificador do amor

Outro aspecto do amor deve ser considerado na revelação de Paulo: o poder unificador do amor. O apóstolo se refere a esse poder em Col 3.14, "Acima de tudo, porém, revistam-se do amor, que é o elo perfeito". A última parte dessa declaração é um pouco obscura. A tradução livre da RSV (versão padrão revisada norte-americana) é: "que reúne tudo em perfeita harmonia". Conybeare traduziu essa passagem da seguinte forma: "que une e completa o todo".

Tenho observado que as igrejas podem estar completamente em concordância em todas as questões doutrinárias e prática, mas se lhes faltarem amor não ficarão verdadeiramente unidas, somente ficarão em conformidade. Sua adoração é caracterizada pela esterilidade. Também tenho observado as igrejas em que muitos pontos de vista diferentes são mantidos por seus membros, mas se mantêm juntas, literalmente, pela cola do amor. Moffat faz a seguinte colocação a esse respeito: *"e acima de tudo você deve amar, pois o amor é o vínculo da vida perfeita"*. A adoração é a vida nessas igrejas são calorosas e vibrantes, pulsando com a vida de Deus.

O amor é o único poder que pode unificar a igreja.

Para sua consideração

1. Preencha a lacuna: "O crescimento espiritual é medido pelo _____ evidenciado na vida de cada cristão".

2. Verdadeiro ou falso: tudo o que Deus requer se resume no amor _____.

3. Preencha a lacuna: "O amor é o fruto _____".

4. Preencha as lacunas:

O *amor* é o _____ do Espírito em nossas vidas porque...

A *alegria* é a _____ de amor,

A *paz* é a _____ do amor,

A *paciência* é a _____ do amor,

A *amabilidade* é a _____ do amor,

A *bondade* é o _____ do amor,

A *fidelidade* é a _____ do amor,

A *mansidão* é a _____ do amor,

O *domínio próprio* é o _____ do amor.

5. Verdadeiro ou falso. A menos que uma pessoa doe e sirva com amor, sua doação ou serviço não valerá de nada para aquele que o faz.

6. Verdadeiro ou falso. O amor restaura a esperança enfraquecida.

7. Verdadeiro ou falso. O amor é a própria recompensa.

8. Explique como o amor é maior que a fé e a esperança.

Capítulo Sete

COMO FAZER PAGAMENTOS DE SUA DÍVIDA DE AMOR

Revelação de Paulo, Parte Três

*Não devam nada a ninguém, a não ser o amor de uns pelos outros,
pois aquele que ama seu próximo tem cumprido a Lei.*

*Pois estes mandamentos: "Não adulterarás",
"Não matarás", "Não furtarás", "Não cobiçarás"
e qualquer outro mandamento, todos se resumem neste preceito:
"Ame o seu próximo como a si mesmo".*

*O amor não pratica o mal contra o próximo.
Portanto, o amor é o cumprimento da Lei.*
Rm 13.8-10 – meus itálicos

Somos devedores do amor

Você e eu "devemos" amor. Nossa dívida se estende a todas as pessoas do mundo, incluindo aqueles que nos maltratam. O motivo pelo qual somos *devedores de amor* ocorre porque é impossível para nós amar as outras pessoas da mesma forma como Deus nos ama. O pêndulo da balança sempre se inclina para o lado de Deus. Isso nos deixa em uma condição de débito permanente.

Paulo, no contexto dessa passagem, está falando sobre as responsabilidades naturais quando eleva o patamar para uma esfera superior. Ao mesmo tempo em que aconselha seus leitores a conduzirem suas vidas em obediência civil, pagando impostos e contas, o apóstolo leva o assunto, como faz costumeiramente, para o princípio subjacente por trás dos mandamentos superficiais. Então, ele o eleva para um patamar superior. O princípio que *cumpre todas as obrigações da vida*, Paulo diz, é o amor. Além disso, o amor é algo que somos obrigados a dar a todas as pessoas.

Na década de 1970, muitos "seminários sobre prosperidade" foram realizados. Um mestre exibiu uma faixa onde estava escrito: "Não devam nada a ninguém" (Rm 13.8). Essa faixa deu a impressão a muitas pessoas que Paulo estava enfatizando uma vida sem dívida no contexto dessa passagem ou que seu principal pensamento era as finanças.

Foi uma surpresa para uma amiga quando ela descobriu que o contexto não enfatizava as finanças, mas o amor. Katherine Ingerson examinou a passagem referida na faixa e cutucou a pessoa que estava perto dela, "Olhe aqui. Não devam nada a ninguém, a não ser o amor de uns pelos outros". Ela estava tão surpresa com sua descoberta que foi transformada para sempre e orientava a todos que conhecia que eles deviam amor a todas as pessoas em todas as situações (que é como aprendi esse conceito). Alguns anos após sua profunda descoberta, minha querida amiga ficou gravemente doente e faleceu. Em seu funeral, todos comentavam sobre o amor que Katherine sempre demonstrava para as pessoas. Que pessoa rica ela era!

Katherine estava certa. Paulo está claramente ensinando, "Não viva além de suas condições financeiras, mas seja extravagante no amor que demonstra aos outros, porque você nunca conseguirá amar as pessoas mais do que Deus o ama". Paulo tira os olhos do leitor do patamar natural da vida elevando-os para a lei espiritual de vida abundante: **amar o próximo**. Amar o próximo é a verdadeira prosperidade. Torna uma pessoa rica de amigos. "Colho amor quando o semeio", diz o poema que o Senhor me deu (Capítulo Um). Se deseja ser amado, você deve amar.

Paulo instrui seus leitores a serem simples em seu estilo de vida, mas generosos em seu estilo de amar, ele cita os mandamentos do decálogo relativo às responsabilidades de uma pessoa em relação ao seu próximo: "Você não deverá cometer adultério, assassinato, roubo, mentira ou cobiça".

Paulo fala para a igreja em Roma que ao obedecer à lei moral de Deus, eles estariam cumprindo sua justiça: "O amor não pratica o mal contra o próximo", ele conclui, "Portanto, o amor é o cumprimento da Lei". João concorda: "Porque nisto consiste o amor a Deus: em obedecer aos seus mandamentos" (1 Jo 5.3).

Se a discussão fosse relativa às responsabilidades de uma pessoa com relação a Deus, o apóstolo teria incluído aqueles mandamentos relacionados com nossa conduta em relação a Deus – as proibições contra idolatria, profanação e sacrilégio.

Jesus ensinou que amar o próximo é o segundo maior mandamento precedido somente pelo mandamento de amar a Deus. Jesus declarou que tudo na Lei se cumpria nesses dois mandamentos:

> *Ao ouvirem dizer que Jesus havia deixado os saduceus sem resposta, os fariseus se reuniram. Um deles, perito na lei, o pôs à prova com esta pergunta: "Mestre, qual é o maior mandamento da Lei?". Respondeu Jesus: "Ame o Senhor, o seu Deus, de todo o seu coração, de toda a sua alma e de todo o seu entendimento". Esse é o primeiro e maior mandamento. E o segundo é semelhante a ele: "Ame o seu próximo como a si mesmo". Desses dois mandamentos dependem toda a Lei e os Profetas.*
>
> Mt 22.34-40 – meus itálicos

Uma palavra resume tudo

Jesus disse que tudo que fora mencionado na divina revelação, *toda* a Lei e os Profetas, se resumia no amor. Para o leitor esclarecido, o Antigo Testamento é permeado com amor. Desde a criação até as promessas proféticas, é amor, amor, amor. Paulo afirmou isso aos gálatas: "Toda a Lei se resume *num só mandamento*: Ame..." (Gl 5.14 – meus itálicos). Se uma revelação verdadeiramente provém de Deus e se Deus é amor, então o amor será o ponto em que Deus cumpre sua lista de mandamentos. Todos os mandamentos refletem amor pelo próximo e por Deus. *O amor é o maior simplificador das complexidades do cristianismo.* Doutrinas difíceis tornam-se claras à luz do amor.

Paulo, em Romanos 13, reiterou o ensinamento de Jesus acrescentando o conceito que, **após o amor nos libertar, ele nos coloca em débito**. O amor liberta as outras pessoas à medida que flui de nós e os obriga a amar. Sempre que uma pessoa recebe amor, ela se torna obrigada a dá-lo.

O fluxo do amor

Quando pesquisamos o ministério de Jesus tomamos consciência de como Ele era impulsionado pela compaixão no processo de ministrar aos necessitados. Jesus era *"movido pela compaixão"* e dava visão ao cego, alimento ao faminto e libertação ao oprimido.

A compaixão é *amor concentrado*. A compaixão é o amor que toca uma pessoa na área específica de sua ferida. É como uma lupa que foca a luz do sol em uma força ardente e concentrada. A compaixão é como Deus alcança uma pessoa que precisa de seu toque.

Quando o amor toca uma pessoa, ele a liberta. O amor nos liberta da falta de perdão, amargura, feridas passadas, mágoas emocionais, doença física, cativeiros mentais e dificuldades nos relacionamentos.

O amor não é maravilhoso? Lembre-se dos momentos em sua vida em que foi tocado pelo amor: em sua infância, em suas amizades, no namoro, etc. Agora pense como o amor figura em seu relacionamento com Deus: sua conversão, ser cheio do Espírito Santo, respostas às suas orações, etc. Lembre-se especificamente daqueles momentos em que você estava abatido, desanimado ou preocupado e seu Pai Celestial o alcançou em amor. Isso não foi maravilhoso? Às vezes o amor do Pai veio para você diretamente, infundido em seu espírito enquanto orava ou lia a Bíblia. Outras vezes, o amor de Deus foi derramado em você através de uma pessoa.

O fato de que Deus, às vezes, ministrou seu maravilhoso amor a nós diretamente, não nega o fato que em outras Ele escolheu ministrar seu amor através das pessoas. Às vezes, a nuvem é tão escura, que não conseguimos receber a luz do sol de seu amor quando levantamos nossos olhos para o céu.

Há ocasiões em que Deus deseja derramar seu amor em nós, mas estamos concentrados demais em coisas naturais para nos beneficiarmos de seu amor. Não sentimos vontade de orar e adorá-lo, então não o fazemos. Não é verdade que nosso gracioso Pai envia "luz do sol engarrafada" para nós na forma de um *e-mail,* uma ligação telefônica ou um amigo? Esses amigos são inestimáveis. Existem poucos deles.

Devemos ser mais sensíveis à liderança do Pai quando Ele deseja derramar amor líquido através de nossos lábios sobre feridas e machucados. Conforme mencionei anteriormente, tenho a prática de emanar amor para estranhos sentados ao meu lado em aviões. Aprendi que posso transmitir amor com um sorriso, uma gentileza ou apenas com o tom da minha voz ao responder uma pergunta. Isso leva a todos os tipos de oportunidades para compartilhar o "perfeito amor" com eles (Jesus Cristo, 1 Jo 4.18).

O fato de que estamos irremediavelmente em débito, porque não podemos amar mais do que somos amados, não deve nos desmotivar de tentar liquidar nossa dívida de amor. Na verdade, devemos ficar ansiosos para efetuar pagamentos de nossa dívida de amor. Permitir o amor de Deus em você é maravilhoso, deixá-lo amar através de você é ainda mais maravilhoso, pois há maior felicidade em dar do que em receber. Naturalmente, você não pode dar o que primeiramente não recebeu, mas sempre leve em consideração a verdade de que o amor deve ser dado para poder ser mantido.

Como fazer pagamentos de sua dívida de amor

1. Servir a outras pessoas

> Irmãos, vocês foram chamados para a liberdade. Mas não usem a liberdade para dar ocasião à vontade da carne ao contrário, *sirvam uns aos outros mediante o amor.*
>
> Gl 5.13 – meus itálicos

Servir com amor é uma forma maravilhosa de efetuar pagamento de sua dívida de amor. Encontre alguém que você possa servir. Você não tem muito tempo em sua agenda lotada de compromissos, mas procure uma maneira simples de abençoar uma pessoa, ajudando-a. Se você sabe que seu chefe gosta de tomar café antes de fazer qualquer coisa de manhã, cumprimente-o com um copo assim que ele passar pela porta. Ofereça com um sorriso. Não se surpreenda se ele desconfiar de segundas intenções. Ele está acostumado a ser usado, mas continue servindo-o por amor e observe as mudanças na vida dele.

Há muitas oportunidades de servirmos com amor. Examine-as e dê um passo em direção às portas abertas. Você será muitíssimo abençoado porque *"Há maior felicidade em dar do que em receber"* (At 20.35 – meus itálicos). Dar o seu tempo e energia a alguém que não pode beneficiá-lo diretamente é uma bênção suprema. Dessa forma, somente Deus poderá recompensá-lo e você libera a pessoa a quem serve do senso humano de obrigação que normalmente incorre nessas circunstâncias. Seu coração também fica livre com relação ao destinatário, porque você está olhando somente para Deus para retribuir o favor.

Faça pagamentos de amor servindo

2. Ore em favor das outras pessoas

Uma forma que podemos demonstrar amor pelos outros, especialmente nossos inimigos, é orando por eles:

> *Mas eu lhes digo:* **Amem os seus inimigos** *e* **orem por aqueles** *que os perseguem, ... Se vocês amarem aqueles que os amam, que recompensa vocês receberão?*
>
> Mt 5.44-46 – meus itálicos

Orar pelas outras pessoas é uma maneira maravilhosa de expressar amor, porque ninguém está por perto para observá-lo. A oração é algo puro e não egoísta. Deus é a única Pessoa que contempla esse ato de amor, motivo pelo qual essa oração é grandemente recompensada por Ele. Uma vida dedicada à intercessão é uma vida de amor em seu senso mais puro. Jesus nos ensinou que podemos **fazer pagamentos de amor através da oração**.

3. Retribuir o mal com o bem

Deus requer que amemos todas as pessoas, incluindo aqueles que ferem, são malignos ou abusam de nós. Isso ultrapassa as fronteiras da natureza humana decaída. Desejamos retaliar para nos vingarmos e fazemos isso ainda que seja somente com uma palavra. Respondemos com uma palavra ferina àquela agressão. (veja Gl 5.15).

Durante esses momentos difíceis, quando o rancor e a falta de perdão parecem inevitáveis, Deus nos oferece uma graça adicional e, assim, uma raiz de amargura não pode crescer em nossos corações (veja Hb 12.15). "O amor nunca falha." Ao permitir que o amor de Deus permaneça em nossos corações, ficaremos livres dos "extinguidores de amor" como a amargura, falta de perdão, ressentimento e sentimentos semelhantes a esses.

Há uma qualidade sobrenatural do amor que nos permite ficar acima de nossa humanidade: na natureza divina de nosso Pai Celestial. Em minha vida cristã houve momentos em que fiquei totalmente impactado pela maneira como o amor preenchia minha vida e transbordava dela. Isso estava acima e além de mim. Isso era especialmente impressionante por causa de minha inclinação natural que era exatamente oposta à infusão sobrenatural que ocorria em períodos extremamente difíceis. Ficava surpreso como o amor permeava e dominava minhas inclinações naturais permitindo que eu amasse uma pessoa que tinha sido grosseira ou má comigo. Ficava grato pela libertação do desejo de retaliação. Ficava grato por não retribuir a ofensa com nenhuma palavra ferina. Acreditem, o jeito de Alsobrook não é inclinado a perdoar nem a ser gentil. Mas meu novo pai, meu Pai Celestial, é gentil com aqueles que são cruéis e grosseiros (veja Mt 5.45). Essa é a única maneira que os crentes podem abençoar àqueles que os amaldiçoam. **Faça pagamentos de amor retribuindo o mal com o bem.**

O Espírito Santo revelará a você outras maneiras que os pagamentos de sua dívida de amor podem ser feitos. À medida que você dá amor aos outros, Deus dá mais amor a você. O ciclo nunca termina.

Para sua consideração

1. Devemos amor a pessoas que nunca conhecemos?

_____

_____

_____

2. Quem ensinou as pessoas a amarem até mesmo seus inimigos?

_____

_____

_____

3. Qual é a palavra que cumpre toda a lei?

_____

_____

_____

4. Por que somos obrigados a amar as outras pessoas?

5. Liste três maneiras que podemos fazer pagamentos de nossa dívida de amor.

6. Você já teve momentos em sua vida quando não conseguia receber diretamente o amor de Deus?

7. Durante esses períodos outras pessoas vieram até você com o amor de Deus e derramaram esse amor em sua vida?

8. Visto que é muito difícil para a maioria das pessoas apreciar uma união direta com Deus, você acha que é importante se tornar um de seus agentes de amor na Terra hoje em dia?

Capítulo Oito

O AMOR ESTENDIDO
Revelação Petrina

Agora que vocês purificaram a sua vida pela obediência à verdade, visando ao amor fraternal e sincero, amem sinceramente uns aos outros e de todo o coração.

1 Pe 1.22, itálico meu

Ardente – quente ou abrangente?

TENHO OBSERVADO CRISTÃOS por quarenta anos. Eles me impressionam mais do que qualquer outra criatura no planeta. Por uma razão: a Igreja declara crer numa coisa, mas pratica outra completamente diferente. Dizemos que todas as nossas crenças estão baseadas unicamente na Palavra de Deus, mas somos ágeis em acreditar em algo que a Bíblia não nos ensina, com base na autoridade de um simples ser humano. Repetimos informações como se fosse verdade, sem nos darmos ao trabalho de verificar, simplesmente porque nosso pastor preferido as afirmou. Também sou culpado disso.

Durante anos, ouvi que a declaração de Pedro "de todo coração"[N.T.1] significava "um amor inflamado". Um dos meus professores favoritos defi-

---

[N.T.1] Em versões mais antigas, a expressão traduzida na NVI como "amem sinceramente uns aos outros e de todo coração", aparece como "amai-vos ardentemente".

nia o "amor de todo coração" do texto acima como um "amor fervente". Por anos, preguei esse texto dessa maneira. Ao escrever este livro, pesquisei no grego e descobri que estivera errado. É verdade que a expressão paulina "sejam fervorosos no espírito", de Romanos 12.11 significa "brilhar, arder", mas o "amai-vos ardentemente" de Pedro não tem nada a ver com calor! É uma palavra interessante que significa "estender" ou "esticar". Pedro usou a palavra *ektenos* ("ardentemente"). "Amem uns aos outros com um coração puro que alcance a cada um" é o significado.

A palavra grega literalmente significa "ESTENDIDO", tanto aqui em 1 Pedro 1.22 como mais adiante em 1 Pedro 4.8. Nessa passagem, Pedro diz "sobretudo, amem-se sinceramente uns aos outros, porque o amor perdoa muitíssimos pecados".[N.T.2] Poderíamos ler da seguinte maneira: "um amor estendido cobrirá muitos pecados". Assim, Pedro está ensinando que o amor sairá dos nossos corações e alcançará a outros, cobrindo seus pecados. Isso me faz lembrar do Grande Pescador que se estica ao lançar a rede sobre os peixes. Da mesma forma, ele diz, o amor será estendido a partir de nós e cobrirá a outros.

Todos os meus dicionários bíblicos são unânimes afirmando que o termo "ardente", usado por Pedro, não se refere a calor, mas a *estender,* e denota "um amor contínuo, intenso, flexível que faz com que o seu doador se estique para cobrir e alcançar aquele que o recebe" (Thayer, Vine, Wuest, Vincent etc.). Pedro ainda era um pescador, estendendo-se para lançar sua rede até os outros, cobrindo-os em amor, assim como Jesus estendeu seus braços para Pedro, cobrindo os seus pecados. Jesus, de fato, disse que Pedro faria o mesmo em sua morte: "estenderá as mãos" (Jo 21.18). Pedro foi crucificado, assim como o Senhor, mas diferente dele, pediu para ser crucificado de cabeça para baixo, uma vez que não era digno de morrer exatamente da mesma forma que seu Mestre. Por toda sua vida Pedro foi alguém que se desdobrou para alcançar os outros. Seu ministério foi marcado por sua compaixão para com os estrangeiros desprezados a quem ele se estendeu em amor e poder.

[N.T.2] Na versão Fiel ao Texto Original, o texto diz: "Mas, sobretudo, tende ardente amor uns para com os outros; porque o amor cobrirá a multidão de pecados" (1 Pe 4.8).

Não estou com isso desconsiderando o conceito de "amor ardente". Somente aqui, nesses versos de Pedro sobre o amor, frequentemente citados. Cristo deseja que o nosso amor por ele seja quente ou frio, e não morno (Ap 3.16). Cristo também disse que "o amor de muitos esfriará" no fim dessa era (Mt 24.12).

Como o amor é estendido

A partir de uma perspectiva prática, é praticamente impossível manter um amor ardente de uns para com outros na Igreja, assim como o é no casamento.

O amor acontece na primavera dos relacionamentos e esfria no outono. O amor perene, duradouro de um cristão maduro está, com frequência, ausente de nossos relacionamentos, mantendo as relações de uns para com os outros em um nível superficial. A menos que "sintamos" amor em nossos corações, não somos capazes de demonstrá-lo! Mas o amor é mais profundo do que um sentimento: é uma escolha, um compromisso, uma qualidade que pode ou não afetar nossas emoções. Ainda que você não *sinta* amor, é possível escolher *andar* nele.

Isso explica por que poucos crentes mantêm a comunhão. Quando vemos as falhas uns dos outros, nosso "amor fraternal" demonstra ter sido apreço temporário. *Existem muitos relacionamentos rompidos no Corpo de Cristo!* (Alguns são unilaterais, mas quantos se devem a uma falta de amor de ambas as partes?) O amor ardente demonstrado ao longo da história da Igreja em períodos de avivamento raramente tem se tornado parte integrante da vida da igreja. Essa é uma triste acusação contra a Igreja de todas as épocas que nosso Juiz confirmará no *Bema* (o Tribunal de Cristo).

Isso não deveria acontecer, visto que não é impossível manter um *amor intenso, contínuo, que parte de nossa capacidade humana para amor e se estende na esfera divina do amor incondicional (ektenos)*. Na verdade, deveríamos ter esse tipo de amor o tempo todo.

Mas é exatamente isso que está tão em falta na Igreja. O amor ardente do Espírito acontece apenas ocasionalmente e dura pouco. O amor contínuo e intenso que se adapta às diferenças dos outros deveria ser a norma na vida da igreja. Mas o "amor que se estende" também é tão raro.

Jesus demonstrou um amor que se estende

Um pouco antes da festa da Páscoa, sabendo Jesus que havia chegado o tempo em que deixaria este mundo e iria para o Pai, tendo amado os seus que estavam no mundo, amou-os até o fim. (Jo 13.1, grifo meu).

O amor que Jesus tinha por seus discípulos era um amor duradouro que perdoava as faltas sem diminuir a intensidade. Foi um amor incondicional que cobriu a ira de João, a aspereza de Pedro, a passividade de Tiago, a dúvida de Tomé e todas as falhas dos outros. **O amor de Jesus por eles se estendeu para adaptar-se às necessidades únicas de cada um**. Por meio desse tipo de amor, Cristo pôde tornar sólida a devoção dos discípulos para com Ele.

E Jesus não manifestou esse mesmo amor por você? Ele percorreu todo o caminho, do céu até a terra, somente para salvá-lo. Então, Ele se estendeu além de suas faltas para suprir cada uma de suas necessidades. Todos os dias, Seus braços de amor se estendem para tocá-lo e sustentá-lo. À medida que você percebe o amor de Jesus renovado em seu coração, sua gratidão por Ele não aumenta mais e mais?

Um dos maiores desafios da fé cristã é amar os outros da mesma maneira como fomos amados pelo Senhor:

> O meu mandamento é este: Amem-se uns aos outros *como eu os amei*
>
> Jo 15.12, itálico meu

> E vivam em amor, *como também Cristo nos amou*
>
> Ef 5.2, itálico meu

Meu alvo: amar como Ele ama

Durante o ano de 1993, fui provado de diversas e muitas maneiras. Em janeiro, fiquei de cama. Durante aquele período de desolação, Deus falou claramente, como já mencionei no capítulo um, que tudo que Ele exigia de mim era que eu o amasse e aos outros. Não foi sem resistência que envidei esforços para obedecer a esse mandamento.

Em certas situações, o amor fluía livremente de meu coração para com aqueles que me rodeiam e a quem eu ministro. Na verdade, às vezes era tão fácil distribuir amor que eu fico espantado ao ver o tempo que levei para aprender essa importante lição.

Outras vezes, porém, era um difícil desafio assimilar as farpas de desamor e então, em troca, devolver amor aos que haviam me magoado. Em alguns dias, tive de parar e rir. Parecia que o mundo inteiro estava numa missão para testar o meu amor.

Com frequência, fui tentado a desistir de vez dessa caminhada de amor. Parecia tão inútil. Fui tentado a voltar a ser o cristão egoísta de sempre, mas Deus fielmente renovou meus esforços e me ensinou a amar os outros como Ele me ama.

Aprendi que o amor não é algo forçado, mas algo que flui. "O amor vem de Deus" e somente rendendo-me a Ele fui capaz de liberar e projetar amor aos que me cercam. Passei a entender que não consigo amar *desejando*, mas sim me *entregando*. "Todo aquele que permanece no amor permanece em Deus, e Deus nele." (1 Jo 4.7,16) (Estudaremos mais a respeito da liberação do amor nos capítulos oito e nove.)

Permanecer no amor é o aspecto mais desafiador de toda a minha vida cristã. É mais difícil do que qualquer outra coisa e mais recompensador porque o amor lida com as atitudes do nosso coração. Desde o início de 1993 até o presente, descobri que esse tipo de amor primeiro me "estica" (ai!) e depois é "esticado" a partir de mim para abençoar os outros (uau!).

A caminhada de amor está se tornando mais fácil, mas é sempre um desafio. Quando minha agenda me pressiona a ser rápido com os outros, uma voz interior me lembra que o amor é paciente. Quando alguém critica meu estilo de ministério, outro Alguém me lembra que o amor é bondoso. Quando ouço comentários negativos acerca de algo que fiz ou falhei em fazer, eu me lembro que o amor não leva em conta o mal que lhe fizeram. Isso me torna rápido em perdoar e esquecer. Quando sinto que não consigo continuar, o amor tudo suporta. Quando estou sobrecarregado, o amor nunca falha. Quando meu orgulho é ferido, o amor diz que, por não ser orgulhoso, eu também não deveria ser. Quando percebo que magoei alguém, não demoro em me desculpar.

Quando você transforma as características do amor na meditação de seu coração, elas falarão com você durante os tempos difíceis e você será guardado em amor.

Tornar-me uma pessoa que ama tem sido o maior desafio da minha vida. Também tem sido a maior bênção para os outros. **Todo coração humano é sensível à demonstração de amor.** Amigos e família destacaram as demonstrações de amor que perceberam. Até pessoas estranhas notaram. O frentista de um posto quase chorou: "Olha, você ganhou uma lavagem no carro por minha conta", ele disse enquanto eu manobrava para sair. Isso porque:

Colhemos o que plantamos

Alguns anos atrás, um jovem irmão queixou-se comigo a respeito da frieza em sua igreja. Roy (nome fictício) disse: "As pessoas não se amam. Ninguém se importa com os problemas que os outros estão tendo. As pessoas nem são simpáticas". Eu havia frequentado aquela igreja e sabia que havia um fundo de verdade em suas afirmações, porém senti que a atitude daquele jovem era tão sem amor quanto a dos outros. Finalmente, após diversas conversas como essa, confrontei-o acerca da falta de amor em sua própria vida. "Roy, por que você não pensa em alguém da sua igreja que esteja passando por problemas e seja para essa pessoa tudo aquilo que todos deveriam ser uns para com os outros. Ame essa pessoa, ajude-a, ore por ela e passe um tempo com ela. E veja o que Deus fará", aconselhei.

Ele olhou para mim como se eu tivesse lhe dado um soco. Então, Roy pediu licença, foi embora e nunca mais falou comigo de novo. Você pode pensar que eu insultei aquele jovem, mas falei com ele inspirado e com um desejo de ajudá-lo a mudar sua igreja.

Todo mundo sabe que existe um problema de falta de amor na Igreja, mas o verdadeiro problema é que os cristãos não estão dispostos a ser o amor de Deus para o resto da Igreja.

Diga a você mesmo: "Você está errado, David, eu estou disposto". Ótimo. Então vá e seja a expressão do amor do Pai aos outros. Depois, espere e veja o amor voltar para você. Alguém disse: "Nenhum ato de amor, por menor que seja, é desperdiçado".

Para sua reflexão

1. Verdadeiro ou falso: A palavra grega *ektenos* se refere mais a esticar do que a temperatura: _____

2. Cite um texto bíblico que mostra como Jesus demonstrou esse amor "estendido" durante suas últimas poucas horas em que esteve com seus discípulos:

_____

_____

_____

3. Preencha a lacuna: "Todo coração humano é sensível à _____ _____ de amor".

4. De que maneira Jesus tem demonstrado um amor "estendido" para com você?
_____
_____
_____

5. Você está disposto a ser expressão do amor de Deus para os outros?
_____
_____
_____

Capítulo Nove

A ARTE DE PROJETAR AMOR

Quando o amor é projetado

No início dos anos 1970, costumava passar um dia inteiro ministrando a pessoas num pequeno café cristão, em Little Rock, Arkansas. Num certo dia, havia aconselhado vários indivíduos durante horas e estava esgotado.

Olhei para o meu relógio e percebi que tinha uma hora antes do próximo atendimento. Então, fui até uma grande mesa onde havia dezenas de livros cristãos empilhados. Debaixo de um monte de livros, acabei dando com um livreto, impresso em papel jornal e gasto pelo tempo. O título chamou minha atenção: *Quando o amor é projetado*. Abri o livro e vi o nome conhecido de William Branham, um profeta poderoso em palavras e feitos nos anos 1940 e 1950. Levantei a guarda, porque sabia que esse querido homem havia se desviado da verdade próximo ao fim de sua vida, mas eu conhecia mais para simplesmente rejeitar tudo que ele fizera. (Muitas de suas mensagens iniciais foram válidas.) Senti uma atração interior me puxando para aquele livreto, então obedeci ao impulso e peguei-o.

O texto do livro era a famosa passagem de João 3.16: "*Porque Deus tanto amou o mundo que deu o seu Filho Unigênito, para que todo o que nele crer não pereça, mas tenha a vida eterna*" (itálico meu). O princípio desenvolvido a partir do versículo era esse: **quando o amor é demonstrado, a graça é manifesta**.

Pense nesse princípio comigo. É verdade, não é? Quando o amor foi demonstrado a partir do coração de Deus em direção à Sua criação, Ele deu seu filho, que manifestou Sua graça salvadora. *Amor demonstrado; graça manifesta.* No ministério terreno de Jesus, há inúmeros exemplos de amor sendo demonstrado a partir de Seu coração aos que sofriam e o resultado era a graça curadora. O amor iniciava o milagre; a graça o terminava.

Enquanto lia a inspiradora obra do irmão Branham naquela tarde, meu coração era aquecido com as histórias que ele compartilhava. Poderosos milagres aconteceram quando seu coração estava cheio de amor pelas pessoas. Alcoólatras foram libertos, doentes foram curados, e pecadores endurecidos foram salvos e chamados para pregar.

O amor experimentado por ele seria transmitido a essas pessoas, demonstrado a elas por meio de seu serviço e elas seriam libertas de suas algemas por meio de um poder miraculoso. Dezenas de milhares participaram de suas reuniões e aqueles com quem conversei ao longo dos anos, confirmaram o amor e a compaixão que fluíam nas primeiras reuniões de Branham.

Até animais eram afetados pelo fluir divino do amor. O livro contava, na verdade, diversos episódios do poder de Deus sendo liberado a animais em sofrimento, quando a compaixão enchia o coração de Bill. Um touro aterrorizado foi acalmado pela projeção de amor. O mesmo touro quase havia matado um homem em circunstâncias semelhantes, pouco tempo antes, mas chegou a três metros do irmão Branham e parou.

Ao cortar a grama de sua casa o evangelista, acidentalmente, esbarrou num cacho de maribondos. O enxame todo foi até ele, mas se afastou no último minuto, quando ele se desculpou com eles.

Uma gambá-fêmea, semimorta ao chegar na soleira de sua porta, foi curada e reviveu após ele ter orado com imposição de mãos. (O livreto não ensinava que há na expiação uma provisão de cura aos animais, como a que existe para os filhos de Deus, mas que o Criador pode, é claro, curá-los, se assim Ele desejar.)

Lembro-me bem como o restante daquele dia foi uma brisa para mim e continuei trabalhando até tarde da noite, ministrando àquelas pessoas, porque uma nova onda de amor havia me invadido enquanto eu meditava no livro. (Arrependo-me de não ter fotocopiado *Quando o amor é projetado* porque mais tarde descobri que ele estava esgotado.) Uma semente de amor fora lançada no meu espírito ao ler aquele livro, embora anos antes ela já tivesse florescido em meu coração.

O que é amor projetado?

Meditei nesse conceito por muitas e muitas horas desde janeiro de 1993. Na verdade, desde 1990, quando fui conduzido a um ministério mais efetivo de cura, tenho orado e estudado bastante acerca do amor. É algo que cresceu dentro de mim por algum tempo e agora ocupa toda a minha atenção. Gostaria de compartilhar minha compreensão desse tema com base na Bíblia e em minha experiência.

O amor projetado denota um amor que flui do coração em direção a uma pessoa em sofrimento. O amor projetado é diferente do amor curador dentro de você por uma pessoa necessitada. *O amor projetado acontece quando o amor é transmitido de dentro para fora.*

Minha observação, ao longo dos últimos 25 anos, tem sido a de que, para todo original de Deus, o Diabo tem uma cópia malfeita, uma imitação, uma falsificação. Entendo que o Movimento Nova Era tem um tipo de amor projetado na prática espiritual de "visualização". A principal diferença entre a verdade e a mentira é que a verdade é feita para glorificar a Deus e ajudar os outros. A mentira se concentra em enviar amor às pessoas com o propósito primeiro de alcançar seu favor e benevolência. Que diferença gritante!

O que é genuíno se origina no espírito do crente onde Deus habita. A falsificação se origina na mente e é parecida com o que muitos cristãos praticam erroneamente, especialmente os que ocupam posições no ministério, e se chama de *controle da mente* (uma espécie de feitiçaria). Esse tipo de coisa pode se tornar demoníaco. O que é genuíno se origina em Deus, visto que é Ele quem nos ensina a amar. A falsificação se origina no eu, a fim de obter benefício próprio e não para a melhoria do bem-estar do outro (1 Ts 4.9).

O amor projetado é amor concentrado

A Bíblia chama o amor projetado de "compaixão". A compaixão tem sido definida como "amor dirigido a alguém necessitado a fim de suprir àquela necessidade". A compaixão de Cristo se concentrava ou o "movia" na direção do sofredor, liberando poder que removia o defeito ou o demônio da vida do indivíduo. O amor projetado muitas vezes pode ser percebido pelo objeto desse amor. Confirmei que isso é verdade, muitas vezes. Quando sinto amor por uma pessoa, mesmo sem dizer ou fazer nada, ou sequer olhar na direção do indivíduo, frequentemente ele começa uma conversa comigo.

Já disse antes neste livro, mas é preciso dizer de novo: **todo ser humano percebe a projeção do amor,** mesmo se não houver nenhum sinal externo que possa indicar isso ao emissário. Sei que isso é verdade por causa do que me disseram as pessoas a quem fiz um esforço deliberado e consciente de projetar amor. De início, não reagiram externamente, mas, mais tarde, confiaram em mim, o bastante para compartilhar o que haviam experimentado. Parece que – elas afirmam – um calor, uma brisa fresca, uma sensação de estar sendo cuidado ou outro tipo de sensação transmitiu amor ao coração delas e as cobriu, quando o amor foi projetado em sua direção.

Posso contar os efeitos do amor pelo semblante das pessoas, mesmo as estranhas. Pratiquei o método do amor nos perigosos metrôs de Nova York com jovens de aparência hostil, que se abriram comigo de tal maneira que meu companheiro de viagem (uma pessoa que morava no Brooklyn e sabia bem o que esperar dos metrôs) ficou maravilhado. Pratiquei esse conceito constantemente em aviões com resultados óbvios. Até mesmo em restaurantes, observei o poder quebrantador do amor amolecendo pessoas endurecidas.

Mês passado, entrei num posto de gasolina e a moça do caixa me chamou a atenção. Estava evidente que ela estava sofrendo. Fui pego meio desprevenido, uma vez que eu estava ansioso por causa de problemas no nosso escritório. Então, esperei um momento, orando e emitindo amor para ela, enquanto fingia estar interessado na gôndola de salgadinhos. Quando senti a compaixão de Cristo, virei e lhe disse o número da bomba e o total do abastecimento. (Descobri que o amor pode ser transmitido naturalmente numa simples conversa casual, contanto que o amor pela pessoa seja sentido no coração enquanto as palavras saem da boca.) Aquela pequena conversa carregada de amor tocou-a profundamente e ela irrompeu em lágrimas. **O amor ágape é poderoso.** Aproveitei a oportunidade de seu coração aberto para lhe dizer o quanto Jesus se importa com ela e a realidade de Deus a impactou com força total. Ela precisou chamar o gerente para assumir o caixa e pediu licença para se retirar. Senti o Espírito dizendo para eu entregar tudo nas mãos de Deus e não falar mais nada para ela. Qualquer coisa além era desnecessária. Enquanto manobrava para ir embora, fui lembrado de uma passagem bíblica que diz: "A palavra proferida no tempo certo é como frutas de ouro incrustadas numa escultura de prata" (Pv 25.11). Experimente falar palavras carregadas de amor em sua conversa comum e você também terá histórias para compartilhar.

Jesus tinha essa habilidade maravilhosa de transmitir amor e fazer com que pessoas estranhas se abrissem com Ele. Ele conseguia desarmá-las com seu olhar de amor. Ele vive dentro de cada um de seus seguidores: "Não percebem que Cristo Jesus está em vocês?" (2 Co 13.5b).

A dinâmica de amor e poder

O amor não é o poder que conclui a cura ou a libertação; o amor é o poder que inicializa o milagre. O poder que finaliza a obra é *a unção*. A unção é uma ação do Espírito Santo no espírito do crente. A unção contém o poder real, ou a força palpável, de Deus para realizar suas obras poderosas. A unção pode agir sem o amor, num grau limitado, mas para que a plenitude da unção atue por meio de um crente, é preciso que ele se renda ao amor e seja energizado por ele.

A palavra grega para essa força palpável do Espírito Santo é *dunamis* e significa "capacidade inerente de uma pessoa ou coisa". Nesse caso, é a **capacidade inerente do Espírito Santo**. Esse poder ou capacidade do Espírito Santo foi prometido aos discípulos de Jesus pouco antes de sua ascensão: *"Mas receberão poder (dunamis) quando o Espírito Santo descer sobre vocês"* (At 1.8, itálico meu).

O amor é o poder inicializador por trás do poder *dunamis*. O amor é o catalisador que libera a fé que, por sua vez, libera o poder e o dom da graça que na verdade produz o milagre. *"Porque em Cristo Jesus nem circuncisão nem incircuncisão têm efeito algum, mas sim a fé que atua pelo amor"* (Gl 5.6, itálico meu). A palavra "atua" aqui é a palavra grega para energia. **A fé é energizada, ativada e inicializada pelo amor.**

Isso lança luz à razão por trás da admoestação de Paulo a: *"Sigam o caminho do amor e busquem com dedicação os dons espirituais..."* (1 Co 14.1, itálico meu). O amor é o purificador das intenções e o catalisador dos dons poderosos do Espírito Santo.

Isso explica por que tantos crentes cheios do Espírito veem poucos, se é que veem, milagres operados por meio deles. Não é que o "poder do Espírito Santo", prometido na experiência do Batismo com o Espírito Santo, não tenha sido recebido (At 1.8). O poder-*dunamis* dentro deles não está ativado devido à falta de amor catalisador. Isso gera frustração espiritual porque um dom permanece fechado dentro do vaso terreno, à espera de ser aberto e liberado, esperando pelo amor para energizá-lo e pela unção para expressá-lo.

A fonte de amor

João chamou esse amor catalisador de compaixão (1 Jo 3.17). Isso se deve ao fato de que esse amor catalisador que ativa a fé dormente vem do íntimo do crente. Paulo se refere a esse lugar como "entranhas" (Fp 1.8; 2.1; Cl 3.12 – Fiel). Cristo chamou esse lugar de "ventre" (Jo 7.38 – Fiel). Davi chamou-o de "rins" (Sl 16.7; 26.2; 139.13 – Fiel).[N.T.1] Cada uma dessas expressões se refere ao espírito do crente situado dentro da *alma* e expresso através do *corpo*.

A fonte de amor catalisador que, por sua vez, se transforma em amor projetado, que contém o poder tangível ou unção, e que opera o milagre, é o **Espírito Santo**. Uma das principais atividades do Espírito é continuamente derramar amor no espírito do crente, assim como outra de suas funções é equipar o crente com o poder-*dunamis* (ver Rm 5.5; At 1.8).

Quando os crentes são batizados no Espírito Santo, geralmente, são envolvidos pelo amor e evidenciam esse amor por algum tempo em suas palavras e ações. Mas à medida que se deparam com diversas lutas na vida, com frequência esse amor vai se esfriando. O amor frio é impotente. Não é capaz de energizar a fé ou liberar unção. Como já foi dito, Jesus declarou que isso seria um sinal do fim dos tempos em Sua igreja: *"Devido ao aumento da maldade, o amor de muitos esfriará"* (Mt 24.12, itálico meu).

Muitos crentes cheios do Espírito vivem num estado de mornidão ou frieza quanto ao amor, fazendo com que seus ministérios sejam grandemente ineficazes. O amor frio é um problema que afeta somente os cristãos, uma vez que o não crente não conhece o "amor" de Mateus 24.12. (A palavra grega em Mateus 24.12 é *ágape* que, segundo João, os não crentes não podem ter, a menos que nasçam de Deus – 1 João 4.7,8. João usou a mesma palavra que Jesus usou.)

Deixe-me enfatizar que o amor divino não pode ser produzido por esforço humano. O amor projetado não é o resultado de poder interior ou força de vontade. Apresso-me em acrescentar, porém, que nunca vi Deus relutante em derramar Seu amor no meu coração quando desejei que Ele assim o fizesse. O Seu amor vem e eu o libero.

O segredo é manter um relacionamento renovado com o Espírito Santo para que Seu amor seja derramado no coração. É claro que, sempre que houver pecado não confessado, falta de perdão ou outras obstruções, o amor não pode fluir, mas a maioria dessas coisas pode ser removida por meio de

---

[N.T.1] Na NVI as expressões são respectivamente "profunda afeição ou profunda compaixão", "interior", "coração" e "íntimo".)

simples oração. Especialmente quando essa oração passa para a dimensão sobrenatural, quando se "ora no Espírito Santo" (incluindo a oração em línguas, mas não se limitando a ela).

Essa parece ser a ideia por trás da exortação de Judas, para que se ore no Espírito Santo a fim de permanecer no amor de Deus:

Edifiquem-se, porém, amados, na santíssima fé que vocês têm, orando no Espírito Santo. Mantenham-se no amor de Deus, enquanto esperam que a misericórdia de nosso Senhor Jesus Cristo os leve para a vida eterna (Jd 20,21, itálico meu).

Para sua reflexão

1. William Branham teve experiências sobrenaturais com animais selvagens. Pode haver algum indício de que animais selvagens foram atraídos a Jesus em Marcos 1.13? _____ Você pode especular sobre qual seria a razão disso? _____

2. Defina "amor projetado".

_____
_____

3. Como a compaixão foi definida?

_____
_____

4. Você gostaria de ser mais usado pelo Senhor?

_____
_____

5. De que maneira você acha que o amor pode ajudá-lo a ser mais útil no reino de Deus?

_____
_____

Capítulo Dez

COMO LIBERAR O AMOR QUE GERA MILAGRES

O amor pode abrir as portas das prisões

Pouco tempo depois de ter lido *Quando o amor é projetado*, eu estava orando numa manhã de domingo, preparando-me para o culto. Senti a direção para assistir ao programa de TV de Oral Roberts. Assistir à TV não era um hábito meu, visto que os domingos eram dias cheios, então fiquei me perguntando por que eu estava sendo levado a assistir a esse programa. Liguei a TV esperando ouvir o irmão Roberts falar a sua mensagem costumeira sobre A Semente da Fé (o ano era provavelmente 1972 ou 1973), mas em vez disso, ele falou dos feitos maravilhosos que o amor realizou por meio de um prisioneiro. O nome do condenado era Starr Daily. Starr havia experimentado uma conversão dramática durante o confinamento em solitária e logo muitos na prisão foram afetados. Mr. Daily, conhecido de longa data por seu temperamento violento e comportamento criminoso, era uma pessoa odiosa em todos os sentidos da palavra, até que Jesus entrou em sua cela, esvaziou o veneno do ódio e o encheu de amor. A mudança foi tão dramática que ele foi solto da prisão em 1930, anos antes do término do cumprimento de sua pena. O irmão Roberts compartilhou a prática de Starr de projetar pensamentos de amor em sua cela, dirigindo-os a vários indivíduos. Muitos foram mudados através de seu silencioso ministério de amor.

Algumas semanas depois daquele programa, uma senhora idosa veio falar comigo em uma de minhas reuniões evangelísticas e me entregou um livro intitulado *Libertação*. "Estava orando hoje de manhã", aquela querida santa me disse, "e creio que o Senhor me mandou entregar-lhe esse livro". Imediatamente agradeci o presente, mas só mais tarde observei o autor: Starr Daily.

Lembro-me de ter lido aquele livro com prazer. Quase não conseguia parar de ler. Naquela mesma época descobri Kathryn Kuhlman. Em um de seus famosos cultos de milagres, ouvi a senhorita Kuhlman citar Starr Daily em sua pregação sobre o poder do amor. Acredito que Deus estava tentando me falar, já naquela época, sobre a necessidade e o poder do amor, tendo falado por meio de dois dos meus pregadores favoritos, e, soberanamente, tendo colocado o livro *Libertação* em minhas mãos, mas a empolgação inicial passou e o livro de Starr logo ficou esquecido e deixado em algum lugar em minhas viagens, já que eu não estava pronto, naquela época, para abraçar totalmente a Mensagem do Amor. (Muitos de nós temos de passar por frustrações e provações, até estarmos prontos para receber o amor incondicional e para amar incondicionalmente. Queremos uma chance de ser dignos do amor de Deus, antes de finalmente reconhecer o fato de que somos amados, mesmo sendo indignos.)

Além disso, as pessoas falavam sobre quanto amor elas sentiam em minhas reuniões, mas, na época, eu achava que a fé era um tópico mais necessário na minha exploração pessoal do que o amor. (Naquela época, eu não entendia ainda o quanto o amor é vital para inicializar a fé.) Então, estudei Smith Wigglesworth e Kenneth Hagin enquanto intentava grandes proezas para Deus (sorria). Por mais estranho que pareça, esqueci completamente de Starr Daily. (Li centenas de livros cristãos naqueles anos iniciais, qualquer coisa que caísse em minhas mãos.)

Após minha experiência com uma enfermidade que me debilitou muito, no primeiro trimestre de 1993, quando recebi a ordem de "amar a Deus e amar as pessoas", comecei a pregar e a ensinar sobre o amor, assim que voltei a fazer minhas viagens. Vez ou outra alguém me perguntava se eu conhecia Starr Daily. O nome soava vago para mim, como um velho que se esquece de alguém que já conheceu um dia. Certa vez, enquanto estava orando, perguntei ao Senhor: "O que esse nome 'Starr Daily' significa para mim?". Como um lampejo, vi o livro *Libertação* em meu espírito e me lembrei de ambos: do livro e do autor. Ao ver que Deus estava me levando a ler Starr Daily de novo, tentei localizar *Libertação* e *O Amor Pode Abrir as Portas das Prisões*, mas minha busca foi em vão. (Os livros havia muito estavam esgotados.)

Em fevereiro de 1994, estava falando numa igreja pentecostal, em Phoenix, Arizona. O padrasto do pastor Alan Kirkpatrick se aproximou de mim após uma das reuniões e perguntou: "Você já ouviu falar de Starr Daily?". Quando eu disse a George que sim, mas que não conseguia localizar os livros de Starr, ele sorriu animado: "Tenho alguns livros dele. Minha mãe era amiga pessoal dele".

Na próxima reunião, tentei ansiosamente encontrar George, esperando receber os livros, mas não consegui encontrá-lo. Ann, mãe de Alan, disse-me que seu marido tinha procurado por toda a parte, sem êxito. Fiquei arrasado. Naquela noite, orei na cama: "Senhor, se houver livros de Starr Daily em algum lugar do mundo, por favor, ajude-me a encontrá-los".

No dia seguinte, fui ao Ministério Iverna Tompkins, em Phoenix. Iverna e sua equipe sempre se mostraram ansiosos em nos ajudar de qualquer forma que pudessem, e eu precisava emprestar um dos computadores de seu escritório por algumas horas, para trabalhar neste livro. Enquanto eu digitava, a secretária de Iverna, minha querida amiga Ann Wills, perguntou sobre o que eu estava escrevendo. No decurso de nossa conversa, ela fez a velha e conhecida pergunta: "Você já leu Starr Daily?", o que levou à minha pergunta: "Você sabe onde posso encontrar os livros de Starr Daily?". Ann respondeu com animação em sua voz: "Ora, tenho vários de seus livros". Ann Wills me emprestou três livros e desde então, os tenho **devorado**.

O Amor Pode Abrir as Portas das Prisões é um dos maiores testemunhos da graça que eu já li. É um relato surpreendente de como Deus revelou o seu amor a um homem que já era um criminoso insensível antes dos 13 anos. Starr passou 25 anos na prisão e grande parte deles na solitária devido ao seu ódio venenoso e temperamento irascível. (Talvez esses dados o ajudem a encontrar um exemplar: *Love Can Open Prison Doors [O Amor Pode Abrir as Portas das Prisões]*, direitos autorais 1938, por Starr Daily, William Publishing Company, San Gabriel, Califórnia).

A mudança na vida de Starr foi tão radical que o diretor do presídio lhe deu o cargo de maior confiança na prisão, a enfermaria. O conselho de liberdade condicional o libertou vários anos antes do cumprimento da pena (algo que anteriormente eles tinham jurado jamais fariam para esse infrator contumaz). E, mais, Starr foi solto, voltando para o convívio em sociedade em 1930, no ápice da Depressão, quando milhões estavam desempregados, mas ele nunca passou necessidades. Ele foi abençoado com uma esposa dedicada e uma adorável enteada. Seu ministério impactou milhares de pessoas, inclusive doentes terminais, doentes mentais e pessoas deprimidas. Muitos foram à procura de Starr, e ele acabou fazendo muitos discursos e escrevendo bastante.

Libertação reflete o crescimento de Starr na graça e no conhecimento do Senhor Jesus Cristo. Estou me alimentando de *Libertação* e continuarei a fazê-lo pelos próximos anos. (Talvez esses dados o ajudem a encontrar um exemplar: *Release [Libertação]*, direitos autorais 1942, por Harper & Brothers, New York e London.)

Muitas das histórias abordam o "amor projetado", a mesma expressão que William Branham usaria anos depois em seu livro. O que Starr fez, que impressionou tanto Oral Roberts, era sentar-se em sua cela e enviar pensamentos de amor para as pessoas que eram seus inimigos declarados.

Ao enviar pensamentos de amor para essas pessoas e ao orar por elas com um desejo sincero de vê-las sendo abençoadas, Starr conseguia testemunhar profundas mudanças em suas atitudes para com ele e com os outros, sem que uma palavra sequer saísse de seus lábios.

Com o tempo, ele passou a chamar essa prática de "o método do amor" e seus livros estão cheios de exemplos do poder do amor projetado.

A conversão de Starr

Quando Starr se converteu a Cristo, ele estava prestes a morrer, devido a um longo confinamento na solitária, um buraco escuro, úmido, sem aquecimento, água ou qualquer instalação. Ele tinha permissão somente para vestir um par de meias, calças compridas e uma camisa imunda, dura e rançosa com o cuspe de outro prisioneiro. À noite, ele recebia um cobertor fino, gasto, e nada mais. Não lhe era fornecida nenhuma cama, cadeira, mesa ou outro tipo de móvel. Não havia luz, ventilação, nem vaso sanitário (só um pote pútrido no canto da cela). Um pequeno copo de água e uma fatia de pão eram trazidos de manhã e à noite.

A vida na solitária era terrível. Depois que Starr comia seu "café da manhã", ele ficava pendurado numa barra pelos pulsos, alcançando o chão apenas com a ponta dos pés. Ele ficava naquela posição até que o "jantar" era servido (as condições nas prisões eram muito mais desumanas na virada do século, do que são hoje). Os presos mais fracos resistiam por no máximo cinco dias, os mais fortes, por 15 dias e os de tipo médio, por 10 dias.

Tudo o que Starr tinha a fazer era admitir ao carcereiro que havia errado e ele voltaria para sua cela comum, mas o ódio não o deixava reconhecer seu erro. Starr insultava e amaldiçoava o carcereiro em todas as oportunidades que tinha.

Depois de quinze dias, o rebelde teimoso ainda não havia se retratado, então o carcereiro não o levou de volta para a cela comum, mas em vez de mantê-lo pendurado pelos braços, que estavam pretos e azuis, deixou-o jogado no chão da solitária. Terrivelmente enfraquecido, Starr sabia que seu fim estava próximo. Ele mal conseguia respirar. Ele estava quase cego e atormentado pela dor enquanto esperava seu fim.

Ao permanecer por semanas a fio em confinamento na solitária, Starr Daily, um homem cruel, amargo e odioso, experimentou o poder transformador do amor como poucos já experimentaram. Jesus Cristo apareceu a Starr (numa visão) quando ele estava prestes a morrer. Deixarei que Starr conte o que aconteceu com as próprias palavras:

> Ele caminhou em minha direção... Parou perto do meu lado e olhou para baixo, bem dentro dos meus olhos, como se através deles ele estivesse tentando penetrar até a minha alma. Em toda a minha vida nunca vira nem sentira tal amor nos olhos humanos como agora brilhava e irradiava de seus olhos...
>
> Então, como um recipiente do amor, me transformei num emissor de amor. Parecia brotar de dentro de mim e fluir para fora, como se fosse gerado de uma fonte interior. A alegria... foi indescritível...
>
> Eu estava grato, não por algo específico, mas por todo o bem, pela vida em si. Eu não tinha consciência, a não ser da inominável clareza de pensamento e percepção, esse encantamento ilimitado de amor e realidade. Eu sabia que havia transcendido toda limitação pessoal e física de hábitos e ambiente que durante anos me escravizaram. Eu não percebia as paredes da minha prisão, mas meus pensamentos vagaram pelo Universo imponderável, longe e vasto... Eu estava livre, sabia que estava livre. Havia encontrado a realidade nos fatos... a alma na forma. E acima de tudo, eu sabia que estava (aquilo que os teólogos chamam de) "nascendo de novo".

Libertação, pp. 46, 47

Jesus transformou o buraco em que Starr estava em um palácio com uma formidável lareira e uma mesa servida com um banquete. Ele deu a Starr uma poltrona confortável e lhe ensinou sobre amor, redenção e graça. Quando as aulas terminaram, o carcereiro, conhecido como "Touro", foi à solitária como se sob ordens. Ele tirou Starr dali e o levou ao hospital da prisão, tratando-o de forma educada, até mesmo amigável, embora Starr nunca tivesse se desculpado.

Quando Starr teve alta do hospital da prisão, para sua surpresa, ele fora transferido para a cela do mais devoto cristão daquele presídio. "Papai" Trueblood, também conhecido como "The Lifer".[N.T.] "Papai" dedicou-se à tarefa de discipular Starr e de ensiná-lo principalmente sobre o amor, por regra e por exemplo.

Os resultados surpreendentes do amor

A saúde de Starr foi recuperada focalizando amor nos vários órgãos afetados em seu corpo e pedindo a Cristo que lhe ministrasse a cura. "Lifer" apresentou a Starr as passagens bíblicas sobre cura divina e o fez meditar nesses versos de manhã, ao meio-dia e à noite. Não demorou muito para que o vigor e a energia de Starr se igualassem aos de homens muito mais jovens. Na verdade, ele conseguia trabalhar 12 horas por dia.

Os livros de Starr estão cheios de muitos resultados surpreendentes da prática do amor. Por exemplo, não era permitido por lei que os presidiários estudassem livros pedagógicos, uma vez que os penalistas achavam que isso serviria apenas para torná-los criminosos mais espertos após serem soltos da prisão. (Lembre-se de que tudo isso aconteceu no início do século 20.)

Starr começou a dirigir pensamentos de amor para o diretor do presídio. Ele pediu a uma senhora da sociedade que escrevesse ao diretor perguntando se ele poderia se matricular num curso por correspondência. Starr

---

[N.T.] *Lifer* significa pessoa condenada à prisão perpétua.

investia tempo diariamente em oração e meditação "visualizando" o diretor recebendo aquela carta, respondendo favoravelmente ao pedido daquela senhora e dando autorização para que ele, que tinha estudado só até o quinto ano do ensino fundamental, fizesse o curso.

E isso acabou ocorrendo justamente no dia em que, durante as meditações de amor e oração, Sttar teve um pressentimento de que isso aconteceria. As excelentes notas de Starr fizeram com que, depois de mais oração e meditações de amor, todo o presídio recebesse autorização para estudar. O Código Penal oficial foi modificado dois anos depois de Starr ter começado a projetar amor ao diretor!

Igualmente surpreendentes são os resultados no hospital do presídio. Starr nunca hesitou em tomar nos braços os pacientes com tuberculose. Muitas vezes houve recuperações milagrosas de pessoas com doenças fatais. Algumas das enfermidades eram imaginárias, não obstante, devastadoras. Starr conseguia, através do amor, ministrar a muitos dos internos com sabedoria e verdade, de maneira que eles se livravam de suas enfermidades autoimpostas e, no processo, de muitas outras dependências.

Starr descobriu que a culpa e o medo eram os dois maiores obstáculos à libertação. Ao lidar com eles por meio do amor, isso era facilmente liquidado. A primeira, o amor perdoa; e o último, "no amor não há medo" (1 Jo 4.18).

Ignoro qualquer desvio teológico tanto nos ensinos de Starr Daily como nos de William Branham nesse assunto, e nunca encontrei motivo de culpa ou falha em qualquer deles. Isso não deveria ser surpresa, visto que foi Cristo quem nos ensinou a ter pensamentos de amor para com aqueles que estão contra nós e a orar por aqueles que maldosamente se aproveitam de nós. Igualmente, Paulo também não nos ensinou a não levar em conta o mal que sofremos? A Bíblia está repleta de tais exortações (ver Mt 5.43-48; Rm 12.14-21; 1 Co 13.4-8; 1 Pe 3.8-17).

Daily e Branham, cada um a seu modo, praticavam algo que a Bíblia ensina e, ao fazê-lo, impactaram a vida de muitos. Como disse anteriormente, existe a falsificação, mas, assim como aceitamos dinheiro, ainda que haja o perigo de receber uma nota falsa, não deveríamos rejeitar riquezas espirituais simplesmente porque há também embuste. Tudo que a falsificação prova é que deve existir um original que é altamente valioso, do contrário ninguém teria se dado ao trabalho de falsificá-lo.

Praticar o amor ao projetá-lo àqueles que necessitam do toque curador do Senhor só pode trazer bênção a eles e realização para nós.

Certa noite, eu estava caminhando sob a luz do luar, orando no Espírito, quando uma canção nasceu em meu coração:

Deus ama você através de mim

Sinto no meu coração
E sei que é verdade.
Deus ama você!
E Deus ama você através de mim.
Sinto no meu coração
E sei que é verdade.
Deus me ama!
E Deus me ama através de você.

Nesse amor não há lembrança
De erros outrora praticados
Nenhum fardo é pesado demais,
Nenhum dia ou semana, longo demais.
O amor faz com que eu sinta sua dor
Até que ela se vá
Porque Deus ama você através de mim.

Estou enviando meu amor hoje
Projetando-o em oração
Liberando sua ansiedade e

Dando-lhe segurança.
As paredes estão caindo dentro de mim
Porque o amor está transbordando até você.
Deus ama você
Deus ama você através de mim.

Por isso, abra seu coração para mim hoje
Meu irmão, minha irmã, meu amigo.
Minha alegria está nessa liberdade.
Sua paz é tudo que almejo.
E quando eu precisar do Seu amor através de você
Por favor, derrame-o em mim também
Porque como Deus ama você através de mim,
Deus me ama através de você.

Como projetar amor

Foi dito a respeito de nosso Mestre que ele podia olhar para as pessoas e amá-las. Jesus fez isso em nível individual: *"Jesus olhou para ele e o amou"* (Mc 10.21a, itálico meu). Jesus também fez isso em nível coletivo: *"Ao ver as multidões, teve compaixão delas (...)"* (Mt 9.36a, itálico meu). Cristo em nós é a esperança da glória (Cl 1.27). Nós podemos "olhar e amar" como Ele porque o mesmo Cristo vive dentro de nós.

Algumas dicas que irão ajudá-lo em seu desenvolvimento na projeção de amor:

Livre seu coração de toda amargura

A amargura entristece o Espírito Santo, o "Grande Amante" (Ef 4.30-32). Sempre que orarmos, devemos perdoar os que nos ofendem (ver Mc 11.23-26).

Minha experiência é que nada sufoca o amor mais rápido do que falta de perdão e amargura.

Pedi ao Senhor que aumentasse minha miséria interior sempre que houvesse amargura em meu coração. Às vezes, gostaria de não ter pedido isso porque certamente me sinto péssimo quando deixo um pouco de ressentimento crescer em mim. Simplesmente não consigo mais viver com essa agitação interior. Quando percebo isso, paro tudo que estiver fazendo e peço ao Senhor que revele qualquer coisa em mim que o desagrade. Ele nunca me deixa sem resposta e me mostra especificamente o que é aquilo que está desagradando-o.

Encha seu coração com o amor de Deus

A oração e a adoração nos capacitam a expressar amor a Deus diretamente. À medida que temos comunhão com o Amor, seu amor fica impregnado em nós. Gosto de começar lisonjeando o Senhor. Usando uma linguagem coloquial, eu lhe digo o quanto o aprecio, o que penso a Seu respeito e como sou grato por sua bondade.

Depois, gasto algum tempo simplesmente adorando o Rei. Davi desejava uma única coisa da parte do Senhor: **"contemplar a bondade [beleza] do Senhor"** (Sl 27.4). Você já descobriu como é prazerosa a beleza do Senhor à sua alma? Mesmo quando tudo vai mal, é sempre bom contemplar a beleza do Senhor.

Peça ao Senhor que encha seu coração com Seu amor pelas pessoas

Deus realmente gosta de gente. Muito mais do que as próprias pessoas gostam. Eu não seria uma pessoa amável se não fosse pela graça de Deus e seu amor em meu coração. O mal que permeia a sociedade é suficiente para que eu dê as costas à raça humana, mas Deus simplesmente continua amando o mundo e dando seus filhos para levar as pessoas ao Seu Filho.

O amor me mudou tanto que eu me pego gastando tempo com estranhos e me interessando por suas vidas e interesses. Muitas vezes não "testemunho" para eles. Simplesmente os amo e logo eles me perguntam qual é minha ocupação. Isso naturalmente abre a porta para que eu compartilhe o Evangelho com alguns deles.

Ore no Espírito Santo

Orar no Espírito Santo, como já foi observado antes, ajuda muito a infundir o amor no espírito do crente (ver Rm 5.5; Jd 20,21).

Concentre-se no indivíduo enquanto ora

Esse é o cerne do amor projetado. É transmitir aos indivíduos o amor de Deus que você sente dentro de você, à medida que ora por eles. Ao fazê-lo, o alvo de sua oração se torna o receptor de crescente graça, quer ele perceba isso, quer não:

> *Agradeço a meu Deus toda vez que me lembro de vocês. Em todas as minhas orações em favor de vocês, sempre oro com alegria (...). É justo que eu assim me sinta a respeito de todos vocês uma vez que* **os tenho em meu coração**, *pois, quer nas correntes que me prendem, quer defendendo e confirmando o evangelho, todos vocês participam comigo da graça de Deus.*
>
> Fp 1.3,4,7, itálico meu

Paulo, o "apóstolo em cadeias", passou muito tempo pensando nos santos a quem servia, e orando por eles para que pudessem ser participantes da graça de Deus em sua vida. Paulo comunicava graça por meio da oração e da pregação. Muitos pregadores estão em falta nessa área.

Durante esses períodos de oração intercessora, Paulo era levado para a dimensão do Espírito Santo a ponto de, às vezes, conseguir ver o que estava acontecendo nas igrejas pelas quais ele orava:

> *Porque, embora esteja fisicamente longe de vocês, em espírito estou presente, e me alegro em ver como estão vivendo em ordem e como está firme a fé que vocês têm em Cristo.*
>
> Cl 2.5, itálico meu

Paulo, entretanto, não estava participando de práticas ocultas de projeção astral. Como já expliquei antes, as falsificações do inimigo estão presentes hoje, mas elas não são os dons do Pai celestial. Se rejeitarmos os dons de nosso Pai porque existem falsificações, estaremos dando mais valor a Mamom do que às riquezas espirituais. Ninguém rejeita dinheiro simplesmente porque existem notas falsas.

Além do mais, o inimigo ficaria satisfeito se conseguisse nos afastar dos poderosos dons de Deus temerosos de que pudéssemos receber uma serpente ou um escorpião em vez do Espírito Santo (ver Lc 11.9-13). Em vez disso, vamos continuar pedindo toda boa dádiva e todo dom perfeito ao Pai das luzes, sabendo que receberemos se não "pedirmos erroneamente" (Tg 1.17; 4.1-2).

Foi através desse tipo de oração que eu acheguei-me ao Senhor. Na primavera de 1969, tive uma experiência horrível com o diabo e contei ao meu pai. Papai era um pastor nazareno e não sabia que ele tinha autoridade como crente sobre "o poder do inimigo" (Lc 10.19). Então, ele não repreendeu o diabo de mim no nome de Jesus. Tampouco ele me aconselhou, visto que ele havia me aconselhado até ficar "vermelho de raiva".

Papai fez algo, no entanto, que facilitou minha conversão. Ele começou a orar por mim diariamente, bem cedo, de manhã. "Naqueles momentos, filho", mais tarde ele explicou, "eu colocava você diante do Trono de Graça e sentia passar ondas de amor de mim para você. Era como se eu o estivesse banhando em amor; em outras palavras, como eu fazia quando você era pequeno e eu esfregava você até deixá-lo rosado, com sabonete e água quente." Ao mergulhar-me em amor, papai fora um instrumento nas mãos de Deus para atrair-me até Ele. "**Com amor leal a atraí**" (Jr 31.3).

Renda-se inteiramente ao Senhor

Entregar-se ou render-se ao Senhor é uma exigência incondicional para a projeção do amor. A fim de entrar na presença (amor) de Deus, devemos nos entregar inteiramente a Ele:

> (...) submetam-se ao Senhor. Venham ao santuário (...)
>
> 2 Cr 30.8

"Rendição" pode implicar resistência ou força, ao passo que "entrega" denota uma atitude fácil e espontânea. As duas tensões são vistas na vida do crente. Temos atitudes em nossas almas e hábitos em nossos corpos que guerreiam contra as ações do Espírito, e que, finalmente, rendemos ao Senhor. Há também outras coisas que Lhe entregamos voluntariamente, sem nenhuma resistência.

Render-se ou entregar-se ao Senhor "desobstrui a mangueira" que permite à Água da Vida fluir através de nós mais livremente. Rendição é o oposto de tensão e tem o efeito oposto. A tensão, na verdade, impede o fluir do Espírito em nós, como um nó numa mangueira. Render-se, que é apenas soltar-se e deixar Deus agir, é uma liberdade dada a nós, no interior, e através de nós, no exterior.

Eu me visualizo mentalmente nas mãos de Deus ou deitado em Seu colo, e entregando a Ele tudo que há em mim que seja contrário a Ele ou que o desagrade. É maravilhosa a libertação que vem quando conscientemente entregamos ao Senhor tudo que há em nossas vidas.

Reconhecimento: O título deste capítulo no original em inglês foi sugerido por Dr. Gary Greenwald.

Para sua reflexão

1. Aliste três maneiras em que o amor se mostrou "surpreendente" na vida de Starr Daily.

_____
_____
_____

2. O poema "Deus ama você através de mim" falou ao seu coração? De que maneira?

_____
_____
_____

3. Jesus olhava para as pessoas e as amava. Elas sentiam o fluir do amor de seu coração para com elas. Você gostaria que a mesma coisa acontecesse por meio de você?

_____
_____
_____

4. Cite cinco dicas que podem nos ajudar a desenvolver a projeção de amor.

_____
_____
_____

Capítulo Onze

AMOR DE AMIZADE

"(...) surgiu tão grande amizade entre Jônatas e Davi que Jônatas tornou-se o seu melhor amigo.(...) E Jônatas fez um acordo de amizade com Davi, pois se tornara o seu melhor amigo"
1 Sm 18.1,3, itálico meu

"Como estou triste por você, Jônatas, meu irmão! Como eu lhe queria bem! Sua amizade era, para mim, mais preciosa que o amor das mulheres!"
2 Sm 1.26, itálico meu

QUANDO OBSERVAMOS DIVERSOS aspectos do amor, nossos pensamentos naturalmente se voltam ao tema da amizade. É por causa do amor que as amizades se formam, em primeiro lugar, e são sustentadas e se desenvolvem, em segundo lugar. O amor deve ter um objeto e deve ser recíproco. Haveria ambiente mais apropriado para se estimular o amor do que a amizade?

Não devemos limitar nossos conceitos de relacionamentos de amor aos vínculos conjugais e familiares, embora esses sejam os mais elevados, quando se trata de relações naturais, mas devemos também considerar tanto a validade quanto a necessidade de amizades fortes e duradouras, a fim de aprofundar e ampliar nosso amor. Afinal, há certos deveres para com os cônjuges e a família, ao passo que as amizades se iniciam e são mantidas exclusivamente por causa do desejo. É aí que entra o ditado, "Você pode escolher seus amigos, mas não sua família", apesar de fatalista.

Todas as pessoas precisam de amigos. Essa é uma verdade inegável para todas as culturas, raças e sociedades. É verdade para ambos os sexos e para todas as idades. Coloque duas crianças juntas e veja como elas se conectam rapidamente. O conceito de amizade está inextricavelmente arraigado à natureza humana. Até mesmo os criminosos formam gangues, não apenas para a intensificação de suas atividades criminosas, mas também por motivos sociais.

A razão por que temos esse desejo inerente de fazer amigos se deve ao propósito original da criação. No princípio Deus olhou para todas as coisas que Ele havia criado e disse que tudo era "muito bom" (Gn 1.31). A primeira vez que Deus disse que algo não era bom foi quando Ele olhou para a solidão de Adão (ver Gn 2.18). Foi por isso que Deus criou a mulher, a fim de permitir que o homem desse vazão ao amor que havia dentro dele. O amor conjugal, não obstante ser tão elevado e maravilhoso, não foi idealizado para satisfazer todas as necessidades de amor do homem e da mulher, embora marido e mulher devam ser amigos íntimos um do outro. O homem e a mulher necessitam de pessoas do mesmo sexo com quem possam se relacionar na base da amizade íntima. Deus criou o homem com uma necessidade de se ligar a outros porque o homem foi feito "à imagem e semelhança de Deus" (Gn 1.26). Deus deseja a companhia dos outros a fim de expressar seu amor ainda mais plenamente. Nós também deveríamos desejar isso.

Deus e seus amigos

Os eruditos ensinam que Gênesis 3.8 ilustra um encontro diário que acontecia durante a breve história do homem antes da queda. Era na aragem do dia, quando o Criador regularmente tinha comunhão com sua criação suprema. Milhares de anos mais tarde, Jesus pediu água a uma mulher. Ele tinha uma sede que ela podia saciar, assim como sua noiva, a Igreja, atende a seus desejos hoje em adoração e culto (ver Jo 4.1-29).

Por que o Criador estabeleceria um padrão de relacionamento diário com nossos primeiros pais? Num certo sentido, foi porque o "Ser Autossuficiente" que não precisa de nada tinha um desejo, ou anseio, de intimidade com outro ser além Dele mesmo. Ele ansiava por alguém que pudesse se relacionar com ele numa dimensão mais elevada do que qualquer outra parte da ordem criada. Talvez seu anseio por relacionamentos íntimos fosse a razão por que Deus soprou nas narinas do homem concedendo-lhe o fôlego de vida (Gn 2.7). Deus deu ao homem a capacidade de se conectar com Ele de uma forma que nenhuma outra criatura pode se relacionar.

Seria ontologicamente incorreto sugerir que Deus *necessita* de algo, visto que uma das definições da divindade é a autossuficiência. (Ontologia é o estudo da natureza ou essência de Deus.) Entretanto, vemos, mesmo na divindade, o princípio do inter-relacionamento: Deus se relacionando consigo mesmo em três Pessoas separadas, porém distintas. Jesus revelou o amor eterno de cada Pessoa distinta da Divindade: "Pai (...) me amaste antes da criação do mundo" (Jo 17.24). Ouvi R. C. Sproul comentar a respeito desse versículo que a Trindade era "uma comunidade suprema de amor" muito tempo antes de o homem existir. Deus não criou o homem porque ele era incompleto. Ao contrário, Ele criou o homem porque desejou compartilhar Seu amor a um círculo mais amplo.

O primeiro homem quebrou sua aliança com o Criador. Houve sete gerações antes de "Enoque andar com Deus" (Gn 5.21-24; Jd 14,15). Enoque, cujo nome significa "dedicado", foi a primeira pessoa que buscou satisfazer esse anseio no coração do Pai por comunhão. Na verdade, a palavra hebraica para "andar" é *hawlak* e é a mesma raiz da palavra amizade (ver *Strong's Exhaustive Concordance*, Dicionário Grego, 1980).

Depois de 300 anos de caminhada contínua com Deus, Enoque recebeu uma revelação de que ele havia agradado a Deus (Hb 11.5,6). Essa revelação, sussurrada ao seu coração pelo Deus invisível, liberou um dom de fé que permitiu a ele crer a ponto de ser imediatamente trasladado para a presença gloriosa de Deus. (A fé vem do ouvir a Palavra de Deus, que Enoque ouviu diretamente ao ter comunhão com Ele.) Assim, esse homem "dedicado", que é o significado de seu nome, não "experimentou a morte" porque "antes de ser arrebatado recebeu testemunho de que tinha agradado a Deus". Foi assim que Deus recompensou seu primeiro amigo íntimo. (Nosso ministério tem um folheto especial sobre Enoque, disponível caso seja solicitado.)

O bisneto de Enoque, Noé, também manteve comunhão diária com o Criador (ver Gn 6.9), mas precisamos esperar até Gênesis 12 para encontrar o único homem na Bíblia literalmente chamado de "amigo de Deus". Na verdade, ele foi assim chamado por três vezes (ver 2 Cr 20.7; Is 41.8; Tg 2.23)! Abraão conheceu uma amizade e intimidade especial com Deus que, desde então, se tornou exemplo a todos os que seguem a sua fé (ver Rm 4.1-22).

Moisés foi outro que satisfez esse anseio por amizade que há no coração de Deus. Ele o agradou tanto que Deus propôs destruir todo o Israel e fazer de Moisés uma grande nação, o que o homem mais manso da terra humildemente recusou. Moisés, ou *Moshe* como é pronunciado em hebraico, foi tirado das águas para se tornar líder e libertador usado por Deus, e, muito mais do que isso, *ele foi chamado amigo de Deus.* "O Senhor falava com Moisés face a face, como quem fala com seu amigo" (Ex 33.11).

Jesus quer ter amigos

Assim como o Pai, Jesus também deseja ter amigos. Poucas horas antes de ser preso, Jesus disse a seus discípulos que Ele os estava promovendo, da posição de servos, à posição superior de amigos. "Vocês serão meus amigos", Ele disse aos seus discípulos inquietos, "se fizerem o que eu lhes ordeno" (Jo 15.14). Jesus continuou a falar a fim de explicar que Ele não mais os chamaria servos porque os servos têm informações limitadas. Jesus prometeu tornar todas as coisas conhecidas de seus amigos. O apóstolo João, o único a registrar essa passagem sobre "amigos", agarrou-se a esse conceito e dirigiu-se a todos os cristãos, de modo geral, como amigos. Próximo ao fim de sua vida, João escreveu: "Os amigos daqui lhe enviam saudações. Saúde os amigos daí, um por um" (3 Jo 15).

Multidões têm testemunhado como Jesus é um "amigo mais apegado que um irmão" (Pv 18.24). É verdade, ainda somos Seus servos, ou "escravos", como as epístolas mais tarde nos identificam, mas desfrutamos de uma intimidade reservada apenas aos amigos, à medida que servimos ao Senhor.

O Espírito Santo deseja sua companhia

É uma palavra interessante que Paulo escolhe usar na bênção de 2 Coríntios: "A graça do Senhor Jesus Cristo, o amor de Deus e a comunhão do Espírito Santo sejam com todos vocês" (13.14).

A palavra "comunhão" em grego é *koinonia* e aparece 20 vezes no Novo Testamento. Ela se refere a ajuntamento, companheirismo, compartilhar, parceria e amizade. O Espírito Santo quer se relacionar com você no âmbito da amizade.

Uma filosofia da amizade

Uma das principais ênfases da Bíblia é a piedade, ou como foi descrita nos séculos passados, o desenvolvimento da semelhança de Deus em nós, isto é, o desejo e a capacidade de ser como Deus. A piedade é o caminho da verdadeira felicidade ou do modelo original antes da Queda. Na criação, Deus fez o homem à sua imagem e semelhança. Quando Adão pecou, entretanto, essa semelhança foi arruinada e estragada. Em Cristo, Deus restaura o homem e lhe devolve sua herança perdida. O homem, mais uma vez, pode ser como Deus, embora o homem seja para sempre homem e não Deus.

Na peregrinação cristã, há algo notável. Ainda que marcado por duras experiências na igreja, ferido e desapontado pelos erros de outros, o verdadeiro crente invariavelmente busca a comunhão com outros que compartilham de sua fé preciosa. Por quê? Porque Deus nos fez para nos relacionar. Precisamos de amigos, mas não as "más companhias [que] corrompem os bons costumes" (1 Co 15.33). Então, procuramos ter comunhão com aqueles que, como nós, são seguidores imperfeitos de Jesus. Podemos ser amigos de pecadores, como Cristo foi, mas não no mesmo nível de amizade que desfrutamos com crentes. E, assim como Jesus tinha um relacionamento mais profundo com Pedro, Tiago e João, mais do que com os outros nove discípulos, haverá aqueles cristãos, em particular, com os quais nos conectamos mais intimamente no amor de Cristo (ver Fp 2.1,2).

O Senhor muitas vezes se agrada de nos levar um passo além em nossa amizade e de nos dar um *ombro amigo*. Somente um discípulo "reclinou-se ao lado dele", aquele conhecido como o discípulo "a quem Jesus amava" (Jo 13.23).

Embora João, juntamente com outros discípulos, tenha abandonado Jesus no momento de sua prisão, somente ele recuperou a coragem a ponto de conseguir ir ao pé da cruz e assistir a seu melhor amigo, Jesus, morrer. Foi ali que João recebeu o encargo de cuidar de Maria (Jo 19.25-27). Deve ser sido reconfortante para seu Filho saber que ela seria amparada e saber que Seu melhor amigo, João, estava lá quando Ele precisou dele. De acordo com a tradição da Igreja, esse apóstolo "Amado" foi o único que escapou do martírio. João manifestou as características da verdadeira amizade para com seu verdadeiro Amigo. (Já tratamos disso em detalhes no Capítulo Quatro.)

Principais objeções

Muitos crentes têm medo de qualquer coisa que vá além de relacionamentos superficiais. Eles não querem ter amigos íntimos. Sua comunhão com os outros crentes se resume a um aperto de mão afetuoso na igreja. Os pregadores são os piores nisso. Por causa de feridas passadas, eles levantam paredes quase intransponíveis.

Alguns até se orgulham de sua solidão. Certos pastores me dizem com frequência: "Não preciso de amigos, porque Jesus é meu amigo". O que na verdade eles estão dizendo é: "Fui tão magoado, que não consigo confiar em mais ninguém de novo. Serei amigável com as pessoas, mas as manterei a distância. Em vez de desenvolver amizades com as pessoas, vou me concentrar na minha amizade com Deus".

Davi, cujo nome é citado mais vezes na Bíblia do que qualquer outra pessoa, exceto Jesus, foi descrito como um "homem segundo o meu coração" pelo próprio Deus, séculos depois de sua morte (At 13.22). Davi desfrutava de uma amizade íntima e duradoura com Deus. Os Salmos têm ajudado milhões de pessoas a dialogar com o Pai porque Davi sabia como conversar com seu Deus e ouvir à Sua voz. Medite nas orações inspiradas de Davi e seu relacionamento com Deus crescerá.

O fato de Davi desfrutar de rica comunhão com o Senhor, porém, não anulava sua necessidade de um amigo íntimo humano, que ele encontrou em Jônatas. Uma de minhas Bíblias de estudo comenta a respeito desse relacionamento: **"A história de Jônatas e Davi é um dos mais nobres exemplos de amizade da história".** É por isso que eu escolhi dois textos que descrevem esse relacionamento como versículos de abertura deste capítulo. Eles eram amigos de aliança cujo motivo de ligação era o amor que sentiam um pelo outro. Davi até chamou Jônatas de "irmão", embora não fossem parentes. Em seu epitáfio, Davi descreveu a amizade de Jônatas como "preciosa" dizendo que ultrapassava "o amor das mulheres" (2 Sm 1.26). Davi obviamente quis dizer que havia dentro dele uma necessidade por companheirismo que não podia ser satisfeita pelo sexo oposto. Por causa de nossa cultura (americana) e nosso modo de pensar, somos tentados a interpretar algo obscuro no luto de Davi. Alguns tentariam nos convencer que ele tinha um relacionamento antinatural, até mesmo pervertido, com Jônatas. Essa é uma das muitas trágicas e nocivas influências de nossa sociedade desestruturada.

Deixe-me ilustrar como a sociedade americana influencia nossa maneira de pensar. Em 1977, passei um período de cinco semanas servindo ao Senhor nas Filipinas. Uma coisa que me chocou foi como as mulheres andavam nas calçadas rindo, conversando e DE MÃOS DADAS. Mas mais estranho ainda era que *os homens faziam a mesma coisa*. A única vez que eu havia visto isso antes fora na Costa Oeste, onde os homossexuais andavam de mãos dadas (e faziam outras coisas também) publicamente. De início pensei como aquilo era pervertido. Porém, meu espírito não se entristeceu por aquele comportamento. Depois de algumas semanas, perguntei a um pastor filipino sobre aquele costume. "No nosso país", ele respondeu, "quando alguém faz um amigo para toda vida, é nosso costume andar de mãos dadas com ele". Não tinha nada a ver com qualquer tipo de comportamento pecaminoso. Era simplesmente algo que eles faziam com um amigo íntimo, alguém muito especial.

A degradação moral da América

Nossa sociedade tem se degradado perante nossos olhos. Lembro-me, quando menino, como conhecíamos todas as pessoas de nossa vizinhança. Os vizinhos conversavam uns com os outros pelo quintal, enquanto as crianças brincavam. Devido ao crescimento da criminalidade e degradação geral, hoje em dia, muitos americanos não conhecem mais os seus vizinhos tão bem, ou mal os conhecem, e a amizade entre seres humanos já não é tão evidente quanto era. Isso também é verdade na maioria dos locais de trabalho.

Em nossa sociedade, os homens costumavam se relacionar muito mais uns com os outros do que hoje. Eles trabalhavam e se divertiam mais juntos e confiavam mais uns nos outros. Parceiros de negócios, com frequência, eram amigos, e os vizinhos, bem, eram bons vizinhos. Lembro-me dos sábados na barbearia. Os homens proseavam amigavelmente e não tinham pressa em cortar o cabelo. Muitas vezes davam a vez aos outros, só para poder ficar por ali e passar mais tempo uns com os outros. Hoje em dia, nós marcamos hora para cortar o cabelo e nos irritamos se o nosso cabeleireiro estiver um pouco atrasado. À medida que você lê essas linhas, seu coração não sente saudades de uma época em que a vida passava mais devagar e as amizades eram mais duradouras?

Perguntei a um pastor se ele havia observado as mesmas tendências. Ele me disse que isso acontece, não só na sua vizinhança, como também em sua igreja. Ele me contou que os homens não querem mais amizades íntimas com outros irmãos, com medo de que os outros possam pensar algo errado de sua ligação com outros homens. A homossexualidade está particularmente proeminente na região desse pastor, mas ele lamenta que os homens de sua igreja relutem em se abraçar por causa dos costumes sociais. Quero parabenizar esse pastor: ele implantou um ministério com os homens e eles se reúnem uma noite por semana exclusivamente para nutrir e promover as amizades. O sucesso, até agora, tem sido limitado, mas há esperança de avanço.

Outra objeção ao aprofundamento de amizades íntimas é a ideia de que "meu cônjuge é meu amigo", constantemente afirmada. É verdade que o parceiro deve ser o melhor amigo de alguém e que nenhum outro relacionamento deveria suplantá-lo. Mas isso não é suficiente para satisfazer todas as necessidades emocionais tanto de maridos quanto de esposas, pela simples razão que homens e mulheres são diferentes. Os homens e as mulheres precisam de pessoas do mesmo sexo com quem possam se relacionar em suas características peculiares e únicas de gênero. Esse é um conceito bíblico, uma vez que Deus obviamente concedeu sua bênção ao relacionamento de Davi e Jônatas que supria uma necessidade que não era suprida pelo casamento.

Não importa o quanto suas relações conjugais e familiares sejam boas, você ainda tem necessidades normais, próprias de seu gênero, as quais Deus escolheu suprir por meio de relacionamentos santos de amizade. Todos têm necessidades que somente um amigo, ou somente um ombro amigo do mesmo sexo, pode suprir. Afinal, fomos criados com centenas de necessidades, não fomos? Nosso Pai quer nos tornar pessoas bem ajustadas suprindo essas necessidades por meio de outras pessoas cujas mesmas necessidades nós suprimos.

Uma razão para essas necessidades existirem é que Deus nos fez para sermos seres interdependentes. Não dependentes, não independentes, mas INTERDEPENDENTES. Quando bebês, éramos seres dependentes. Enquanto adolescentes, buscamos nos tornar independentes. À medida que amadurecemos, no entanto, percebemos que somos interdependentes.

Talvez você deseje ter um amigo mais chegado do que você tem hoje. Se for o caso, por que não pedir a Deus que envie alguém à sua vida para ser esse amigo do peito? Davi tinha Jônatas, Jesus tinha João e Paulo tinha Barnabé. Deus pode fazer isso por você, também, e suprir necessidades profundas de sua vida por meio de seu amigo do peito e na vida dessa pessoa, através de você. Sem dúvida, você aprendeu com erros do passado; então, olhe à sua frente para algo novo que Deus pode fazer por você e enriquecer sua vida.

Billy Graham, em uma entrevista em 1993, expressou tal anseio de seu próprio coração. Dr. Graham disse ser grato pelos milhões de pessoas que ele alcançou por meio de suas cruzadas, mas achava que teria sido mais feliz pastoreando uma igrejinha do interior, onde amizades duradouras poderiam ter sido cultivadas.

Quanto mais alguém se torna parecido com o Pai Celestial, mais essa pessoa deseja se relacionar com os outros numa ligação santa.

Amizade verdadeira

Naturalmente, nem todas as amizades são benéficas ou duradouras. Essa é outra razão por que hesitamos em assumir o risco de expressar amor a alguém que pode, com o tempo, nos abandonar. Nosso fator confiança, por causa de feridas passadas, precisa de reconstrução. Uma vez que a necessidade de se relacionar em níveis mais profundos permanece dentro de nós, devemos permitir que nosso Pai traga a cura para nossas emoções e confiar em Sua Palavra, que é verdade, quando diz:

> *É melhor ter companhia do que estar sozinho, porque melhor é a recompensa do trabalho de duas pessoas. Se um cair, o amigo pode ajudá-lo a levantar-se. Mas pobre do homem que cai e não tem quem o ajude a levantar-se! E se dois dormirem juntos, vão*

manter-se aquecidos. Como, porém, manter-se aquecido sozinho? Um homem sozinho pode ser vencido, mas dois conseguem defender-se. Um cordão de três dobras não se rompe com facilidade.

Ec 4.9-12, itálico meu

Você tem um amigo leal em sua vida: alguém que altruisticamente se importa com você; uma pessoa discreta, a quem você pode confidenciar seus segredos; alguém que se interesse sinceramente por você como pessoa, não só por aquilo que você pode fazer por ela; alguém que o ama do jeito que você é?

Se você respondeu sim a essas perguntas, você é uma pessoa muito abençoada. No Oriente era costume medir a riqueza de alguém pelos amigos que possuía. Você sabia que a maioria das pessoas, inclusive muitos cristãos, não poderia responder a essas perguntas afirmativamente? Até mesmo entre os crentes, há poucos que desfrutam das bênçãos de amizades profundas, estáveis. Não deixe que isso o deprima. Ao contrário, que isso o motive a começar a pedir a Deus que traga um amigo assim para sua vida.

A sociedade, como já observamos, não estimula as amizades entre as pessoas no local de trabalho, na comunidade ou nas áreas de lazer, como outrora fazia. Relacionamentos superficiais são o cumprimento da predição de Paulo de que "nos últimos dias os homens serão egoístas" e infiéis (2 Tm 3.1-3). Será que nos tornamos tão focados em atingir objetivos? Fomos afligidos por uma doença da pressa que nos deixa não somente sem fôlego, mas também sem amigos.

Nos primórdios da América, a igreja nos lares era onde as pessoas se reuniam para adorar a Deus *e* desfrutar da companhia umas das outras. Em muitas igrejas hoje a adoração é fraca e as pessoas correm para a saída, mal a bênção apostólica é impetrada.

Isso é uma tragédia! O Novo Testamento destaca os relacionamentos íntimos que os filhos de Deus tinham entre si. Eles se viam como amigos.

João disse: "*Os amigos daqui lhe enviam saudações. Saúde os amigos daí, um por um*" (3 Jo 15, itálico meu). João enfatizou a amizade na vida cristã em todas as três de suas epístolas gerais (ver 1 Jo 1.3,7; 2 Jo 1.12,13). Uma marca da presença divina na igreja local é como os adoradores não gostam de ir embora e como ali se demoram após o culto, só para conversar e estar junto uns dos outros. Os pastores com frequência ficam surpresos ao ver que, as mesmas pessoas que pareciam ser os primeiros a sair, estão agora entre os últimos a ir embora. Que sinal saudável em qualquer igreja local: o povo de Deus desfrutando da presença de Deus na adoração e uns dos outros, por meio da comunhão. A adoração e a comunhão verdadeiras são raridades em muitas igrejas, mas sinais encorajadores estão surgindo à medida que Deus restaura sua Igreja em diferentes graus. Olhamos para igrejas progressistas em nossa nação e vemos muitas verdades da Palavra sendo restauradas em nossos dias. Uma das coisas que Deus está restaurando neste tempo são as amizades genuínas, de aliança, na família de Deus.

Por que somos solitários?

Também ficamos "sem amigos" como colheita ou consequência da forma como tratamos as pessoas. Outra razão por que muitos cristãos são solitários hoje se deve ao fato de que não se têm mostrado amigos para um irmão ou irmã no passado. Não se dispuseram a dar de si mesmos altruisticamente a esse antigo amigo. A mão disciplinadora de Deus os impede de formar novos relacionamentos significativos até que se arrependam e se retratem com os antigos amigos que abandonaram na hora do aperto.

Quatro propósitos da amizade

Em nossa passagem de Eclesiastes, observe que Salomão falou de quatro áreas em que a amizade serve a um propósito único:

1. Nosso trabalho. "(...) porque maior é a recompensa do trabalho de duas pessoas" (v. 9).

Esse versículo mostra que quando nos ajudamos mutuamente, conseguimos fazer mais do que quando trabalhamos sozinhos.

O Pai quer enviar obreiros para sua seara, unidos e trabalhando em equipe. Dois trabalhando juntos conseguem fazer mais que o dobro em menos da metade do tempo. Isso é um fato e, além disso, é mais divertido.

2. Nossa caminhada. "Se um cair, o amigo pode ajudá-lo a levantar-se. Mas pobre do homem que cai e não tem quem o ajude a levantar-se" (v. 10).

A falta de verdadeiras amizades entre pastores é uma das muitas razões por que alguns caem. Quando eles são envolvidos por alguma obsessão impura, não têm ninguém a quem recorrer para serem ajudados em oração e aconselhamento. Observe como Gálatas 6.1 ensina que restaurar um irmão ferido envolve o empenho de outros que são espirituais. Não conseguimos nos restaurar a nós mesmos. Precisamos do Senhor e de outros que nos ajudem. O homem paralítico foi levado por quatro amigos até Jesus. Ele era impotente, não tinha condições para sozinho chegar Àquele que podia curá-lo.

3. Nosso calor. "E se dois dormirem juntos, vão manter-se aquecidos. Como, porém, manter-se aquecido sozinho?" (v. 11).

Nosso fervor espiritual é estimulado por outros que estão aquecidos e fervorosos na devoção a Deus. Deveríamos ter amizade com aqueles que são mais zelosos do que nós.

4. Nosso bem-estar. "Um homem sozinho pode ser vencido, mas dois conseguem defender-se" (v. 12).

Algumas de nossas batalhas seriam vencidas muito mais rapidamente se pedíssemos auxílio de outros para se posicionar ao nosso lado contra o inimigo. O princípio do Antigo Testamento também se aplica à batalha espiritual de hoje: "(...) um só homem perseguir mil, ou dois porem em fuga dez mil" (Dt 32.30).

Sete características de um verdadeiro amigo

1. Amigos se ajudam mutuamente.

A passagem de Eclesiastes que lemos mostra que amigos se ajudam. Quando um está caído, o outro tenta levantá-lo, encorajá-lo, consolá-lo e exortá-lo com amor. Os amigos oram uns pelos outros e oferecem seus recursos quando surge uma necessidade. Eles estão "sempre lá", quando você precisa deles.

2. Amigos se sacrificam pelos outros.

Os amigos estão dispostos a se sacrificar uns pelos outros. Eles abrem mão de algo que valorizam por causa daquele que amam. O amor só é demonstrado quando se renuncia a algo valioso.

> *O meu mandamento é este: Amem-se uns aos outros como eu os amei. Ninguém tem maior amor do que aquele que dá a sua vida pelos seus amigos.*
>
> Jo 15.12,13, itálico meu

O que é a sua vida? Se você pensa que sua vida é a soma das partes, dificilmente você seria chamado a dar sua vida por alguém. Mas se você considera sua vida como todas as partes que compõem o total, então, obviamente você dá sua vida por Jesus toda vez que você lhe entrega suas energias, seu dinheiro e tempo. O mesmo se aplica aos amigos.

Você dá sua vida por um amigo quando ele precisa de um ouvido, uma bênção financeira, uma carona pra o trabalho etc. Você nunca estaria disposto a fazer o sacrifício supremo por um irmão (de literalmente morrer por ele) a menos que você estivesse acostumado a fazer pequenos sacrifícios o tempo todo. "Nisto conhecemos o que é o amor: Jesus Cristo deu a sua vida por nós, *e devemos dar a nossa vida por nossos irmãos*" (1 Jo 3.16, itálico meu). Ao sacrificarmo-nos por nossos amigos, evidenciamos verdadeiro amor e amizade.

3. Amigos confidenciam segredos.

Um amigo é alguém em quem você pode confiar, segredando detalhes íntimos de sua vida; seus sentimentos mais profundos, tristezas e pensamentos secretos, sem medo de que seu confidente vá espalhar aquelas informações. Aprendi que se você não consegue controlar sua língua, você nunca poderá ser confiável numa amizade de aliança.

Esse aspecto de compartilhar segredos foi expresso por Jesus quando Ele sentou-se à mesa com Seus seguidores leais (Judas não estava lá):

> *Vocês serão meus amigos, se fizerem o que eu lhes ordeno. Já não os chamo servos, porque o servo não sabe o que o seu senhor faz. Em vez disso, eu os tenho chamado amigos, porque tudo o que ouvi de meu Pai eu lhes tornei conhecido.*
>
> Jo 15.14,15, itálico meu

Muitos cristãos conhecem apenas um relacionamento de monólogo com o Senhor ("Tudo o que ele me mandar, eu farei"). Essa é uma mentalidade de servo. Deus quer dialogar conosco no âmbito da amizade.

Será que Jesus é seu amigo ou só seu patrão? Se Ele for seu amigo, compartilhará segredos celestiais com você: "O Senhor confia os seus segredos aos que o temem" (Sl 25.14).

Da mesma maneira, um amigo confidencia o próprio coração ao amigo do peito. Jesus disse: "Tudo o que ouvi de meu Pai eu lhes tornei conhecido".

Deslealdade no Corpo de Cristo é um dos principais destruidores das amizades profundas.

4. Amigos se perdoam

> *O amigo ama em todos os momentos...*
>
> Pv 17.17, itálico meu

Um amigo é alguém que, diferente da família, pode começar ou terminar um relacionamento com você. Você escolhe seus amigos, mas não escolheu seu pai ou sua irmã. Um amigo é alguém que o conhece bem o suficiente para perceber suas falhas, mas apesar delas, escolhe manter o relacionamento. Ele o ama o tempo todo, não apenas quando você atende às suas expectativas. A amizade, quando verdadeira, não se baseia no que o outro faz, mas no amor. Muitos dos amigos que pensamos ter acabam demonstrando ser apenas "amigos no bom tempo", que nos abandonam quando a tempestade chega.

Valorizo meus amigos hoje muito mais do que eu valorizava antes porque sei como é fácil perder um amigo e como é difícil fazer uma amizade verdadeira. Estimo minhas amizades e procuro cultivá-las o melhor que posso. E, assim como quero ser amado com meus defeitos e qualidades, também amo meus amigos do jeito que são.

Imagino que você e eu, nós dois sabemos que todos os relacionamentos humanos têm aspectos negativos e positivos. Jesus é o único Amigo perfeito, mas Ele não é o único amigo que devemos ter. Todos os nossos outros amigos nos decepcionarão vez ou outra. Um teste de lealdade é se nós perdoamos suas ofensas.

Um amigo de verdade se arrependerá do erro cometido contra mim, mas talvez eu precise apontar-lhe o que ele fez de errado, e ao mesmo tempo assegurar-lhe que, apesar de ter me feito mal, meu amor por ele não vai mudar. Meus amigos de verdade me dizem quando piso na bola e os desaponto. Eles continuam me amando e aceitam minhas trapalhadas se eu as reconheço. "Não abandone o seu amigo nem o amigo de seu pai" (Pv 27.10).

5. Amigos se corrigem

> *Quem fere por amor mostra lealdade, mas o inimigo multiplica os beijos.*
>
> Pv 27.6, itálico meu

Ninguém pode corrigi-lo como os amigos. Às vezes, eles demoram a fazê-lo porque temem represálias. Uma amizade, porém, só pode durar se ambas as partes forem abertas e honestas entre si. Se alguém que você não conhece tentar corrigi-lo, é fácil se livrar. Mas se seu amigo chega e diz: "Há algo de errado", você está mais aberto a receber o que vem a seguir.

Continuamente me surpreendo com nossa "cabeça dura", especialmente entre líderes cristãos. Verdadeiros amigos repreendem com amor, até chegam a machucar, quando a situação exige isso. Mas eles também estão prontos a curar quando aquele a quem amam se arrepende. E precisamos desesperadamente de tais pessoas hoje em dia. O problema com um ponto cego é que você não vê o que há ali.

Decidi que não quero um amigo com quem não possa conversar, a quem eu não possa aconselhar ou até mesmo corrigir, se eu perceber que ele tem um cisco no olho e se ele achar que eu tenho uma trave no meu. Quero um amigo franco e livre para me dizer o que precisa ser dito, sem medo de rejeição.

6. Amigos se afirmam mutuamente

> *Quando chegou a Jerusalém, tentou reunir-se aos discípulos, mas todos estavam com medo dele, não acreditando que fosse realmente um discípulo. Então Barnabé o levou aos apóstolos...*
>
> At 9.26,27, itálico meu

Barnabé foi um amigo leal, primeiro para Paulo, mais tarde para João Marcos. Ele era um homem tão bom que o seu nome foi mudado de José para Barnabé, o Encorajador (At 4.36,37). Ele continuamente se considerava menor que aquela pessoa em quem percebia qualidades que precisavam de aprimoramento. Então, ele se doava para que aquele indivíduo se desenvolvesse e ficasse na linha de frente. Que "homem bom" ele era! (At 11.24).

Você tem um amigo que o apoia quando você precisa? Que lhe dá segurança no Senhor? Se sua resposta for afirmativa, então você é uma pessoa privilegiada.

7. Amigos têm comunhão uns com os outros

> *Assim como o ferro afia o ferro, o homem afia o seu companheiro .*
> Pv 27.17, itálico meu

Quando você gasta tempo com um amigo dado por Deus, como você fica esperto! É como se seu pensamento acelerasse, seu vocabulário se ampliasse, suas emoções se agitassem e seu espírito fosse iluminado.

Talvez você tenha um amigo verdadeiro com quem não tem passado muito tempo ultimamente. Por que não para a leitura um pouco agora mesmo e faz um telefonema ou, melhor ainda, vai visitá-lo? *Assim como a água reflete o rosto, o coração reflete quem somos nós* (Pv 27.19, itálico meu). Muitas vezes, você vê seu coração no rosto de um amigo.

O açougueiro afia sua faca, primeiro, numa pedra lisa, mas ele deixa o corte mais apurado usando a chaira. Ouça ao seu amigo e compartilhem. Passem tempo juntos e cresçam no Senhor. Primeiro passe tempo com a Rocha, para tirar as arestas, depois, apure o corte com um amigo. *Se, porém, andarmos na luz, como ele está na luz, teremos comunhão uns com os outros...* (1 Jo 1.7, itálico meu).

Peça a Deus um amigo de verdade

Enquanto você lia este capítulo, é provável que seu coração tenha ansiado por um amigo como esse que a Palavra descreve. Peça perdão a Deus por não ter sido esse tipo de amigo no passado e depois peça a Ele que lhe dê um amigo de aliança. Veja como Ele responderá sua oração e enviará alguém na sua vida ou aprofundará uma amizade que já existe. Uma das melhores maneiras de atrair um amigo é ser um amigo.

Um amigo é uma pessoa especial que Deus lhe dá para amar. Você precisa de amigos, não apenas para suprir suas necessidades específicas, mas para lhe dar um canal pelo qual você possa crescer em amor.

Para sua reflexão

1. Deus "precisa" de amigos?

_____
_____

2. O homem foi criado para ser dependente, independente ou interdependente?

_____
_____

3. O homem é uma criatura relacional?

_____
_____

4. Por que precisamos nos relacionar com os outros?

_____
_____

5. Quais são os quatro propósitos da amizade?

_____

_____

6. Quais são as sete características de um amigo verdadeiro?

_____

_____

7. Você prejudicou um amigo no passado, diante de quem você precisa se arrepender?

_____

_____

8. Você está cultivando suas amizades atuais?

_____

_____

9. Complete o espaço em branco: "É melhor ter _____ do que estar sozinho, porque melhor é a _____ do _____ de duas pessoas."

10. Complete o espaço em branco: Servos têm conversas em monólogo; amigos têm conversas em _____.

Capítulo Doze

LIVRES DA PAIXÃO LASCIVA
E CHEIOS DE AMOR

Paixão e amor são opostos

UM DOS OPOSTOS DO AMOR É A PAIXÃO. O amor dá; a paixão toma. O amor serve; a paixão domina. O amor libera; a paixão escraviza. O amor é eterno; a paixão é temporal. O amor é altruísta; a paixão é egoísta. O amor satisfaz; a paixão nunca se satisfaz.

Com frequência, a paixão lasciva é confundida com o amor, mas os dois são incompatíveis. Se o filho de Deus está andando em amor, não pode estar fornicando ou usando linguagem vulgar ao mesmo tempo. Observe o contraste gritante:

> Portanto, sejam imitadores de Deus, como filhos amados, e **vivam em amor**, como também Cristo nos amou e se entregou por nós como oferta e sacrifício de aroma agradável a Deus. Entre vocês não deve haver nem sequer menção de **imoralidade sexual** como também de nenhu-

ma espécie de **impureza** e de cobiça, pois essas coisas não são próprias para os santos. **Não haja obscenidade, nem conversas tolas, nem gracejos imorais**, que são inconvenientes, mas, em vez disso, ações de graças.

Ef 5.1-4

Sempre que a paixão lasciva estiver acontecendo, não a chame de amor. *E não cometa o erro comum de tentar satisfazer sua fome legítima por amor com a paixão.* É como ansiar por um banquete e se contentar com migalhas. O amor genuíno satisfaz muito mais.

A América está infestada de paixão

Vivemos numa sociedade contaminada pela paixão. A mídia, em todas as suas formas, nos bombardeia com visões e sons criados para estimular a sensualidade. Até mesmo cremes dentais e carros são apresentados como produtos que podem nos tornar mais atrativos e desejáveis, se os usarmos.

Os cristãos geralmente estão conscientes que pecados sexuais devem ser evitados, mas muitas vezes são indulgentes em relação aos perigos inerentes de se tolerar a paixão lasciva. Eles riem de piadas indecentes e não se importam de assistir a vulgaridades na televisão e no cinema. A frouxidão moral que permeia nossa nação predomina também em muitas igrejas. Não é raro para a maioria dos adultos presentes em nossas palestras sobre esse tema, intituladas "Liberte-se da Paixão Lasciva", levantar a mão admitindo sua derrota em relação a pecados sexuais. Durante os últimos anos, porém, muitos cristãos têm vindo falar comigo em particular admitindo uma terrível batalha interior contra a lascívia. Com medo de destruir sua comunhão com Deus ou seus casamentos, caso caiam moralmente, eles me procuram em busca de ajuda. "O senhor sabe de alguma coisa que possa me ajudar?" Sim, graças a Deus, sei.

O que é a paixão lasciva ou concupiscência?

A luxúria ou paixão lasciva é a perversão do **amor Eros** (ver o capítulo dois). A Bíblia usa o termo "concupiscência", porém, para denotar mais do que desejo sexual. A concupiscência se refere a qualquer desejo humano, natural, que se expressa de maneira ilegítima ou irrefreável, desequilibrada. O Israel "enjoado de maná" é descrito como desejando carne para o seu apetite (Sl 78.18). A concupiscência é um desejo descontrolado (muitos casamentos sofrem porque um dos cônjuges tem um apetite sexual que ultrapassa os limites normais). A concupiscência é um *desejo ilegítimo* que leva à cobiça e busca por coisas materiais.

O objeto da concupiscência pode ser comida, poder, prestígio, dinheiro, sexo, em resumo, "tudo o que há no mundo" (1 Jo 2.16). Visto que qualquer desejo humano pode ser contaminado com a concupiscência, ela raramente se limita a uma forma única de expressão. É até possível cobiçar por um ministério. Qualquer um poderia fazer uma longa lista de nomes daqueles que cobiçam dinheiro ou têm desejos lascivos, no sentido mais sexual da palavra.

Observe que esses dois últimos tipos de desejos estão juntos na Palavra de Deus:

> O casamento deve ser honrado por todos; o leito conjugal, conservado puro; **pois Deus julgará os imorais e os adúlteros. Conservem-se livres do amor ao dinheiro** e contentem-se com o que vocês têm, porque Deus mesmo disse: "Nunca o deixarei, nunca o abandonarei".
>
> Hb 13.4,5

> Porque vocês podem estar certos disto: nenhum **imoral**, ou impuro, ou **ganancioso**, que é idólatra, **tem herança** no Reino de Cristo e de Deus.
>
> Ef 5.5

Quem honestamente pode negar que a América é uma nação gananciosa e também louca por sexo? O que é ainda pior, é que o mesmo pode ser dito, num sentido geral, a respeito da Igreja Americana. Cultuamos ao deus Mamom e aos nossos próprios corpos. Muitas vidas têm sido conduzidas por diversas cobiças.

Quando Deus aponta para a concupiscência em nossas vidas, Ele faz um trabalho completo.

A base de toda a tentação

Talvez você fique surpreso ao saber que a base de *toda* a tentação é a cobiça.

> **Cada um, porém, é tentado pelo próprio mau desejo [cobiça], sendo por este arrastado e seduzido...**
>
> Tg 1.14

Por essa razão, para vencer a tentação de evitar a Cruz, Jesus orou: "Não seja feita a minha vontade, mas a tua" (Lc 22.42). Ele havia dito aos discípulos, pouco antes: "Vigiem e orem para que não caiam em tentação" (Mt 26.41).

Em outras palavras, muitas tentações podem ser evitadas por meio da identificação com a Cruz. "Os que pertencem a Cristo Jesus crucificaram a carne, com as suas paixões e os seus desejos" (Gl 5.24).

Moffatt traduz 1 Coríntios 6.13 assim: *"Pois o corpo não é para a cobiça, mas para o Senhor"* inferindo que nossos corpos só podem ser usados para um ou para o outro, não para ambos (itálico meu). É por isso que todo cristão deveria estabelecer a vida livre das paixões lascivas como um alvo permanente. Especialmente porque o nosso Senhor igualou o desejo lascivo ao ato em si, aos olhos de Deus:

> Mas eu lhes digo: Qualquer que olhar para uma mulher para desejá-la, já cometeu adultério com ela no seu coração.
>
> Mt 5.28

A cobiça mata

> Então, esse desejo, tendo concebido, dá à luz o pecado, e o pecado, após ter se consumado, gera a morte.
>
> Tg 1.15

Observe que a morte começa com a cobiça. É por isso que devemos "fugir dos desejos malignos" (2 Tm 2.22). Atente para mais esta séria afirmação:

> Por isso o lugar foi chamado Quibrote-Hataavá, porque *ali foram enterrados os que tinham sido dominados pela gula.*
>
> Nm 11.34, itálico meu

Em nossos cultos de cura, muitas pessoas com diversos tipos de doenças sexualmente transmissíveis vão à frente. Com mais frequência, porém, eles necessitam de cura emocional tanto quanto de cura física. Os efeitos da luxúria são evidentes por toda a parte, e a morte que ela traz consigo é inevitável. A luxúria causa morte espiritual, emocional, relacional, ministerial e física.

Vinte e três mil israelitas morreram em um único dia de juízo, por causa da cobiça Paulo nos exorta: **"Essas coisas ocorreram como exemplos**

para nós, para que não cobicemos coisas más, como eles fizeram" (1 Co 10.6).

Pergunte a qualquer cristão que caiu como presa da paixão lasciva, se o centro de suas afeições, seu próprio peito, não foi queimado. **"Não cobice em seu coração a sua beleza... pode alguém colocar fogo no peito sem queimar a roupa?"** (Pv 6.25,27). A graça pode restaurar, mas é um longo e doloroso processo. "Eu me sinto como um salmão quase morto nadando rio acima contra uma poderosa corrente", um crente derrotado me disse recentemente. Muitas pessoas vivem com profundas feridas emocionais por terem cedido à tentação sexual. Seu fardo de culpa e vergonha pode ser deixado ao pé da Cruz, se elas se arrependerem e perdoarem de todo o coração, e permitirem que o Espírito Santo faça a obra nelas. Mas muitos cristãos não colocam todo o coração na resolução de pecados sexuais do passado e de suas batalhas presentes com a lascívia.

Talvez você também esteja perdendo batalhas para a cobiça. Se for o seu caso, o que vem a seguir neste capítulo pode ser útil para ajudá-lo a encontrar liberdade e vitória permanente, especialmente se sua batalha for na área da lascívia.

Seis passos para uma vida livre da cobiça

1. Reconheça as razões

Por que tenho esse problema? Medite em oração sobre essa pergunta. O que desperta a cobiça de alguém pode não despertar nada em outra pessoa. Você tem tentado curar uma dor interior que simplesmente não passa? Às vezes, a razão é muito mais profunda do que torpeza sensual.

Uma das causas subjacentes mais comuns é a *solidão*. Outro fator comum é a *insegurança*. Às vezes, nosso primeiro amor adoece e o mundo nos pressiona. As raízes podem estar na infância (abuso/estupro) e no ambiente (pecados na família). Até mesmo lares cristãos podem estar infestados pela lascívia. Deus revelará as razões mais profundas, à medida que você orar com sinceridade e franqueza ao seu Pai.

Uma verdade a respeito de toda cobiça é que há sempre uma raiz de *egoísmo* por trás dela. É aqui que entra a responsabilidade de cada um e a necessidade de arrependimento. Não somos responsáveis pelas feridas que causaram no âmago do nosso ser (a não ser perdoar aqueles que nos fizeram mal), mas somos responsáveis em reconhecer que cobiçamos porque nos importamos mais conosco do que com nosso Senhor e com nossos amados.

A busca da autogratificação é a essência do egoísmo e a raiz de todo problema com lascívia. Só pode ser tratado pela Cruz de Cristo. "Da mesma forma, considerem-se mortos para o pecado, mas vivos para Deus em Cristo Jesus" (Rm 6.11).

No primeiro passo, reconhecemos *porque* cobiçamos. É aqui que pedimos ao Senhor que cure nosso homem interior. Pode haver maldições familiares que precisam ser abordadas e quebradas, bem como espíritos malignos que precisam ser repreendidos e expulsos.

> **Foi desprezado e rejeitado pelos homens, *um homem de dores* e experimentado no sofrimento... Certamente ele tomou sobre si as nossas *enfermidades e sobre si levou as nossas doenças...***
>
> Is 53.3,4, itálico meu

2. Defina os sintomas

Escreva uma lista começando com a frase "Lascívia é..." e continue. Depois, escreva um versículo bíblico após a definição. Descreva os próprios sintomas. Alguns dos exemplos abaixo foram escritos ou falados por diversas pessoas com problema de lascívia, assistidas por um grupo de apoio na área de Nashville. Talvez diversas dessas definições, ou sintomas se você preferir, descrevam parte de seu problema com lascívia. (Todas as passagens bíblicas em itálico foram destacadas por mim.)

"Lascívia é deixar o olhar vaguear, virar-me para pessoas atraentes, olhar pela segunda vez."

Olhe sempre para frente, mantenha o olhar fixo no que está adiante de você.

Pv 4.25

Fiz acordo com os meus olhos de não olhar com cobiça para as moças. Pois qual é a porção que o homem recebe de Deus lá de cima [se eu for lascivo]?

Jó 31.1

"Lascívia é usar meu cônjuge como objeto em vez de expressar-lhe amor genuíno por meio das relações íntimas."

Cada um saiba controlar o próprio corpo de maneira santa e honrosa, não dominado pela paixão de desejos desenfreados.

1 Ts 4.4,5

"Lascívia é parar na banca para olhar as capas de revistas eróticas, assistir a programas inadequados, ir a filmes sensuais etc."

Não porei coisa má diante dos meus olhos...

Sl 101.3, Fiel

"Lascívia é nunca ter o suficiente... sempre querer mais... ser controlado por desejos sexuais... ser infiel mentalmente ao meu cônjuge."

"Tudo me é permitido", mas nem tudo convém. "Tudo me é permitido", mas eu não deixarei que nada me domine.

1 Co 6.12

"Lascívia é o uso inadequado da fala, do vestir ou da linguagem corporal em relação a alguém por quem me sinto atraído."

... eles o protegerão da mulher imoral, e dos falsos elogios da mulher leviana. Não cobice em seu coração a sua beleza nem se deixe seduzir por seus olhares.

Pv 6.24,25

O perverso não tem caráter. Anda de um lado para o outro dizendo coisas maldosas; pisca o olho, arrasta os pés e faz sinais com os dedos...

Pv 6.12,13

"Lascívia é o desejo de fazer alguém cobiçar - conseguir a atenção imprópria de outra pessoa."

Porque eles não conseguem dormir enquanto não fazem o mal; perdem o sono se não causarem a ruína de alguém.

Pv 4.16

"Lascívia é me colocar em situações perigosas que despertam minhas paixões ou me fazem vulneráveis para pecados corporais."

Fujam da imoralidade sexual.

1 Co 6.18

Fuja dos desejos malignos da juventude e siga a justiça...
2 Tm 2.22

Ao contrário, revistam-se do Senhor Jesus Cristo, e não fiquem premeditando como satisfazer os desejos da carne.
Rm 13.14

Ela o agarrou pelo manto e voltou a convidá-lo: "Vamos, deite-se comigo!" Mas ele fugiu da casa, deixando o manto na mão dela.
Gn 39.12

Quais são suas definições de lascívia? Como você a internaliza? Como você a exterioriza? A lascívia pode ser um enorme ponto cego, quando a pessoa está tão acostumada a ela que a consciência já está cauterizada. É preciso uma ação extraordinária do Espírito para despertá-la e tirá-la dessa condição.

Se você estiver lutando contra a lascívia, ore com sinceridade: "Sonda-me, ó Deus, e conhece o meu coração; prova-me, e conhece as minhas inquietações. Vê se em minha conduta há algo que te ofende, e dirige-me pelo caminho eterno" (Sl 139.23,24). *"Que as palavras da minha boca e a meditação do meu coração sejam agradáveis a ti, Senhor, minha Rocha e meu Resgatador!* (Sl 19.14).

Quando Deus sensibiliza a consciência pelo arrependimento e quebrantamento, a mente novamente fica alerta para a praga da lascívia apresentada pela mídia e pelas pessoas em geral. A onda de impiedade pode ser quase esmagadora, mas graças ao Senhor por despertá-lo para que veja a situação como Ele a vê.

No segundo passo reconhecemos *como* cobiçamos. É por isso que escrever a própria lista começando com a frase "Para mim, lascívia é..." pode ser tão útil. Coloca-o frente a frente com a desagradável realidade de sua condição.

Uma lista pessoal de sintomas ajuda a definir melhor o inimigo e a reconhecer suas áreas de fraqueza porque **a lascívia atua em padrões de pensamento**. Essa definição, portanto, o ajudará a parar antes que você comece a ter pensamentos lascivos porque agora você já sabe como o inimigo trabalhou em sua mente no passado.

> *As armas com as quais lutamos não são humanas, ao contrário, são poderosas em Deus para destruir fortalezas. Destruímos argumentos e toda pretensão que se levanta contra o conhecimento de Deus, e levamos cativo todo pensamento, para torná-lo obediente a Cristo.*
>
> 2 Co 10.4,5

É surpreendente quanta vitória advém só de escrever sua lista de sintomas. Não pense neles apenas, escreva-os e depois coloque embaixo os versículos da Bíblia apropriados.

3. Torne-se responsável

Poucos de nós temos o temor do Senhor em nossas vidas no grau que precisamos. Do contrário nunca iríamos tolerar pensamentos impuros porque "Temer o Senhor é odiar o mal; odeio o orgulho e a arrogância, o mau comportamento e o falar perverso" (Pv 8.13).

À medida que crescemos na graça, o temor reverente do Senhor aumenta em nossos corações. Essa é a motivação mais saudável possível para evitar o pecado, saber que até mesmo "*o pensamento do tolo é pecado*" (Pv 24.9 – Fiel, itálico meu).

Para nos ajudar em nossa batalha pela pureza moral interior, a maioria de nós que perde batalhas na área da lascívia, precisa de alguém do mesmo sexo, uma pessoa madura no Senhor nesta área específica, mas que se identifique conosco em nossa fraqueza. Encontrar uma pessoa assim pode ser difícil, mas Deus pode nos levar até ela. Alguém que incorpore Romanos 15.1: "Nós que somos fortes, devemos suportar as fraquezas dos fracos, e não agradar a nós mesmos."

Ou talvez você encontre alguém que já lutou como você e que também precisa de um ouvido amigo e um ombro para apoiar-se. Tiago tinha isso em mente quando escreveu: "Confessem os seus pecados uns aos outros e orem uns pelos outros para serem curados" (5.16). A tradução *Norlie* termina o versículo **"para que vocês sejam restaurados"**. Na restauração precisamos de um companheiro cristão maduro a quem possamos confessar nossas faltas que, por sua vez, orará pedindo cura e libertação para nós.

O valor do sistema de apoio de um companheiro cristão no combate a qualquer problema ou área de fraqueza não pode ser superestimado. Os requisitos para esse tipo de relacionamento são *compromisso* e *confiabilidade*. É possível ser transparente demais com pessoas que não estão tão preocupadas com o seu bem. Elas podem se voltar contra você, e fazê-lo em mil pedaços. Elas podem projetar a própria culpa de seus fracassos morais contra você.

Os pastores são com frequência as pessoas certas para se consultar acerca de um companheiro adequado para essa caminhada. O tempo deles é muito apertado para que se envolvam com você, mas eles podem indicar ou recomendar justamente a pessoa certa na igreja com quem você pode começar esse relacionamento. Como vimos no capítulo anterior:

> **É melhor ter companhia do que estar sozinho, porque maior é a recompensa do trabalho de duas pessoas. Se um cair, o amigo pode ajudá-lo a levantar-se. Mas pobre do homem que cai e não tem quem o ajude a levantar-se.**
>
> Ec 4.9,10

> **Levem os fardos pesados uns dos outros e, assim, cumpram a lei de Cristo.**
>
> Gl 6.2

Uma pergunta muitas vezes é feita: "Qual o benefício de estar comprometido, num sistema de apoio mútuo, com uma pessoa que também luta com o mesmo problema?" A resposta é que, verbalizar sentimentos interiores com alguém que pode identificar-se com você e que, por sua vez, pode relatar as próprias lutas é surpreendentemente fortalecedor para as duas partes. Assim como escrever a própria lista de sintomas/definição o ajuda a enfrentar seu problema, falar com alguém que está comprometido a vencer a lascívia ajuda a reforçar sua estabilidade interna. Você "se conecta" com alguém que também compartilha de suas batalhas.

Se você estiver compartilhando suas fraquezas com outra pessoa além de você mesmo, um propósito solidário está em vista, e vocês podem começar a compartilhar as vitórias que Cristo lhes der. Na fraqueza nos tornamos fortes, à medida que oramos pelas necessidades uns dos outros e cremos em Deus pelo nosso companheiro (ver Hb 11.34). Você chora com seu amigo quando ele chora; se alegra com ele, quando ele se alegra (ver Rm 12.15).

O sistema de apoio mútuo também nos ajuda a parar de concentrarmos toda a nossa atenção em nós mesmos e em nossos problemas. O sistema de apoio ajuda o crente a resistir melhor ao Diabo. Você sabe que alguém como você está lutando contra as tendências do mundo, contra a carne e o diabo. Pedro colocou a questão da seguinte maneira:

> **Estejam alerta e vigiem. O Diabo, o inimigo de vocês, anda ao redor como leão, rugindo e procurando a quem possa devorar. Resistam-lhe, permanecendo firmes na fé, sabendo que os irmãos que vocês têm em todo o mundo estão passando pelos mesmos sofrimentos.**
>
> 1 Pe 5.8,9

Quero enfatizar que uma pessoa do sexo oposto jamais seria um companheiro apropriado para o apoio mútuo. Também é uma regra geral que, se sua fraqueza específica estiver na área da homossexualidade, seu companheiro ainda deverá ser do mesmo sexo, porém alguém cuja batalha seja na área da lascívia heterossexual.

Pessoalmente conheço vários homens e mulheres na área de Nashville cujo "sistema de apoio" muitas vezes resultou em amizades profundas e duradouras, muito mais do que relacionamentos da igreja. Há inúmeros benefícios para um programa de apoio mútuo, por isso, é inviável listar todos aqui.

4. Use a arma de Satanás contra ele
Em 1 Samuel, capítulo 17, lemos o relato conhecido de Davi e Golias. Observe os versos 50 e 51 (itálico meu):

> Assim Davi venceu o filisteu com uma atiradeira e uma pedra; *sem espada na mão*, derrubou o filisteu e o matou. Davi correu, pôs os pés sobre ele, e, *desembainhando a espada do filisteu*, acabou de matá-lo, cortando-lhe a cabeça com ela.

Como já vimos, a lascívia é um *desejo ilegítimo*. Satanás usa isso contra nós na área sexual. Podemos pegar sua espada, porém, e usá-la contra ele! Ele cobiçou o próprio Trono de Deus (ver Ez 24.14; Is 14.12-14). O desejo ilegítimo do Diabo pelo Trono de Deus resultou em sua queda. Da próxima vez que o Diabo tentar você com desejos sexuais ilegítimos lembre-o de sua cobiça pelo Trono. Ele não gosta de ser lembrado disso.

Esse passo nos ajuda a derrotar o autor da lascívia lembrando-o de sua derrota.

5. Concentre-se no amor
Outro passo poderoso na vitória contra a paixão lasciva é concentrar-se no seu oposto, isto é, no amor. Leia 1 Coríntios 13.4-8 e Romanos 13.10. Dependen-

do da tradução que tiver em mãos, você encontrará de 16 a 18 características do amor (ver o capítulo cinco para uma explicação completa desse conceito).

Para medir a quantidade do amor de Deus em seu coração e vida, coloque seu nome toda vez que aparecer a palavra "amor" e diga em voz alta. Eu faço assim: "David é paciente e bondoso... David tudo suporta... David não é invejoso" etc. Você vai rir e chorar ao mesmo tempo ao fazer o "Teste do amor". Então, para checar como você está em relação ao exemplo, coloque "Jesus" toda vez que Paulo diz "amor". (Ver o capítulo cinco para entender melhor o "teste do amor".)

Paulo nos mostra o que o amor é e faz. João descreve mais como nos tornar cheios de amor. Primeiro, João deveria ser lido frequentemente, especialmente os capítulos 3 e 4 (ver capítulos 3 e 4 deste livro para uma explicação completa).

Toda vez que percebo que estou me tornando "sem amor", peço ao Senhor que derrame seu amor em meu coração, renovado pelo Espírito Santo (ver Rm 5.5).

É impossível cobiçar alguém a quem você ama. Transforme qualquer objeto de sua lascívia em alvo de oração, desejando o que Deus tem de melhor e mais especial para a vida dessa pessoa. Esse quinto passo nos ajuda a ver que não há lascívia no amor. Nós superamos o falso, nos concentrando no verdadeiro. *"Não se deixem vencer pelo mal, mas vençam o mal com o bem"* (Rm 12.21, itálico meu).

6. Estabeleça como alvo viver livre da paixão lasciva

Nos últimos anos tenho orado com e por muitos homens que lutam contra a lascívia. É um problema maior do que muitos nas igrejas estão dispostos a reconhecer. As pessoas a quem ministro nessa área não são cristãos frios, mornos ou nominais. Eles desejam a vontade de Deus para suas vidas, mas a lascívia se tornou um veneno em suas veias que não conseguem neutralizar, um pecado envolvente que os oprime (ver Hb 12.1,2). TRATA-SE DE UM ENORME PROBLEMA NA VIDA DE MUITOS.

Odeio a lascívia porque tenho visto, em primeira mão, a destruição que ela causa, as vidas que atinge, prejudicando e abalando casamentos e ministérios, magoando pessoas. A lascívia diminui o valor de tudo que toca, degradando e humilhando as pessoas, primeiro, diante de si mesmas e, eventualmente, diante dos outros. Desmerece o valor do casamento e gera frustração e dor a muitos casamentos, independentemente de a lascívia ser exteriorizada ou não.

Você pode pensar que, com todos os escândalos sexuais e massacre público por causa de lascívia no ministério, deve haver uma atitude séria da parte dos pregadores hoje, mas, frequentemente, o uço ministros fazendo piadas sobre lascívia e outros, em geral, dando pouca importância a essa questão. Sabendo o que sei a respeito de lascívia, agora percebo que essas pessoas geralmente estão mascarando um problema escondido nas próprias vidas.

Imploro a eles e a você: se você tem esse problema, enfrente a lascívia antes que ela destrua sua vida, seu casamento e seu potencial no Corpo de Cristo!

Para concluir, recomendo que você:

• Confesse a Deus a lascívia como um pecado, receba seu perdão enquanto se posiciona contra ela;

• Aprenda a associar a lascívia com sofrimento, em vez de associá-la com prazer, sabendo que toda lascívia, com o tempo, causará sofrimento;

• Recuse-se a ser conduzido pela lascívia em seu casamento; em vez disso, use o aspecto físico do casamento como uma das muitas maneiras de expressar amor pelo seu cônjuge;

• Viva consciente de que Deus está vendo seus pensamentos (ver Hb 4.13); peça a Ele que lhe dê amor para com a pessoa que você está sendo tentado a cobiçar e ore para que ela também conheça o amor de Cristo;

• Vença o mal com o bem, enchendo seus pensamentos com virtudes e piedade (ver Rm 12.21; Fp 4.8);

- Aprenda a se apropriar da graça quando estiver passando por um período de provação (ver Hb 4.16);
- Nunca permita que um deslize mental o leve ao desespero, confesse-o e continue crendo que Deus aperfeiçoará o que lhe diz respeito (ver 2 Tm 4.18);
- Estabeleça como alvo de vida libertar-se da paixão lasciva e desfrute da liberdade que passo a passo Deus for lhe concedendo;
- Compartilhe suas vitórias discretamente e adequadamente com pessoas do mesmo sexo;
- Ajude os crentes que estão lutando com o mesmo problema, à medida que o Espírito Santo o conduzir a fazê-lo;
- Faça do amor, o oposto da paixão lasciva, sua busca pela vida toda, frequentemente listando em seu coração as características do amor descritas em 1 Coríntios 13.

Pai,

Venho a Ti em nome de Jesus, hoje

Acabei de ler essa mensagem que me convenceu pela verdade que ela contém. Tenho um problema com a lascívia. Peço perdão a Ti e verdadeiramente desejo uma vida livre desse laço. Dá-me Tua graça para colocar em prática o que li e para crer que posso me tornar verdadeiramente livre. Encha minha vida com Teu amor. Amém.

Para sua reflexão

1. O que a palavra hebraica "Quibrote-Hataavá" significa?

_____

_____

2. Qual é o neto da lascívia, de acordo com Tiago 1.15?

_____

_____

3. É possível cobiçar mais do que uma coisa? Se for, quais são alguns objetos da concupiscência no sistema do mundo de hoje?
_____
_____

4. Quais são três razões para a cobiça?
_____
_____

5. O que é uma lista pessoal de sintomas?
_____
_____

6. Qual é o valor de um sistema de apoio cristão?
_____
_____

7. Como Satanás cobiçou e como podemos usar essa arma contra ele?
_____
_____

8. Por que o amor é uma arma tão poderosa contra a lascívia?
_____
_____

9. Cite pelo menos três sugestões úteis para estabelecer a vitória sobre a lascívia um alvo para a vida toda.
_____
_____

Capítulo Treze

COMO NEUTRALIZAR EMOÇÕES NEGATIVAS

Não se deixem vencer pelo mal, mas vençam o mal com o bem.
Rm 12.21

A OBRA COMPLETA da graça nunca termina no aspecto negativo, mas sim no positivo. Deus não tira um vício e nos deixa com um vazio. Deus tira um vício e coloca no lugar uma virtude.

Na superação de maus hábitos, muitos crentes têm pensado erroneamente que a coisa foi superada quando aquela prática foi interrompida em suas vidas. Muitas vezes, porém, um mau hábito é substituído por uma atitude igualmente nociva. Muitos seguidores de Cristo são conhecidos por suas atitudes negativas, azedas diante da vida, em geral, e dos pecadores, em particular.

Conheci um cristão, anos atrás, que lutava e lutava contra o álcool. Fred (nome fictício) finalmente conseguiu parar de beber, mas sua atitude era pior do que antes. Ele era um homem extremamente negativo, uma pessoa desagradável e cansativa a quem estivesse por perto. Fred era totalmente intolerante com alcoólatras, o que me deixava surpreso, visto que ele fora um durante tanto tempo. Qualquer conversa com ele se centrava nos males do álcool e nos estragos que ele tem causado em nossa sociedade. Fred se orgulhava de sua sobriedade e contava cada ano que passava sem beber com crescente orgulho. Sua amargura, entretanto, havia crescido a tal ponto que, perto do fim de sua vida, ele tinha poucos amigos, se é que os tinha. Eu e outros amigos da igreja considerávamos sua vida uma tragédia.

Por outro lado, conheço um ministro hoje, com quem sempre compartilho, que venceu esse terrível problema moral há alguns anos. Poucos ministros que tenham sido aprisionados pelo inimigo daquela maneira se recuperam e voltam a uma vida saudável, normal. Esse amigo, porém, não só venceu esse problema moral, como também ajuda outros a se recuperar, e tem obtido resultados maravilhosos. Vidas estão sendo mudadas. Don Crossland é um dos irmãos mais queridos no Senhor que eu já conheci. Ele não faz prejulgamentos.

A diferença entre Fred e Don é simples: Fred "venceu" seu problema com a bebida através de determinação ferrenha e força de vontade. Ele nunca experimentou o poder transformador da graça e o amor incondicional que cura. Don, em total abandono, lançou-se às misericórdias de Deus, que se renovam a cada manhã e a vida se tornou uma aventura para ele desde então.

Paulo estava se referindo a isso quando escreveu: "Não se deixe vencer por nenhum mal ou pecado em sua vida. Ao contrário, vença o mal substituindo-o com o bem" (parafraseado).

A realidade do sofrimento

A vida é dura.

A vida cristã, porém, é *muito* dura.

Por quê? A resposta reside no fato que, enquanto pessoas mundanas, nos endurecemos para os sofrimentos causados pela rejeição, abuso, negligência etc. Encontramos alívio parcial de nosso sofrimento fazendo uso de substâncias ou desafogando pecaminosamente nossas emoções feridas, o que por sua vez só aumentava nosso sofrimento. Aprendemos a nos fechar emocionalmente, levantando paredes e nos fechando em conchas de defesa, tentando proteger nossas emoções em frangalhos. Fizemos tudo isso para que **parássemos de sentir**.

Esse problema é conhecido como *retraimento emocional* (*emotional shutdown*) e é comum entre não crentes. O assassino não sente piedade ao puxar o gatilho; a prostituta não sente vergonha e o ladrão não tem peso na consciência. Os pecadores se tornam "endurecidos" e "insensíveis", diz Paulo, por causa da depravação, impureza e cobiça (Ef 4.18,19).

Quando uma pessoa é regenerada e começa a seguir o exemplo do humilde Nazareno, no entanto, ela passa a seguir a lei do perdão e do amor. As Bem-aventuranças, na verdade, todo o Sermão do Monte, transpiram essa atitude fascinante de estar aberto ao espírito do amor. Do Calvário, é claro, emana amor incondicional expresso nas palavras "Pai, perdoa-lhes..." (Lc 23.34).

A vida cristã é muito dura às vezes porque quando nos abrimos para os outros, nos tornamos vulneráveis. Eles nem sempre nos falam a verdade em amor, tampouco eles sempre desejam nossa integridade. De fato, algumas pessoas, por causa do próprio sofrimento e desespero, irão malvadamente nos atacar quando percebem que estamos emocionalmente abertos, numa tentativa cruel de nos ferir. (Alguém disse: "Pessoas magoadas magoam as pessoas".) Paulo se referiu a essa prática canibal em Gálatas 5.15: *Mas, se vocês se mordem, e se devoram, uns aos outros, cuidado para não se destruírem mutuamente* (itálico meu).

Fechado ou aberto?

O requisito para conseguir alívio genuíno para o sofrimento é **abrir nosso interior** e deixar Cristo que habita em nós liberar nosso sofrimento emocional, nossas frustrações, mágoas, dores e tristezas. Ele vive em nós. (Ver 2 Co 13.5; Gl 2.20; Ef 4.6; 1 Jo 4.4,13.) E Ele é o "bálsamo de Gileade" (Jr 8.22). As Escrituras ensinam que Jesus se tornou nossa vergonha e suportou a nossa dor (ver Is 50.6; 53.3-5,10). Essa é uma verdade por muito tempo negligenciada pela Igreja, mas *tão necessária para esta geração*. Posso testificar que Jesus cura dores emocionais e neutraliza emoções negativas. Experimentar o alívio de suas palavras suaves que trazem cura é como "mirra destilada" em minha alma ferida (Ct 5.13). Jesus é o Grande Médico! Ele não cura apenas o exterior, mas o interior também. Mas temos de nos abrir para Ele, ou como Davi expressou, "derramar a (nossa) alma" ao Senhor (Sl 42.4, Fiel).

A maioria dos crentes que eu conheço, no entanto, permanecem fechados e acham que o cristianismo vitorioso é sufocar suas feridas em vez de dar vazão a elas por meio de comportamentos pecaminosos. A vida cristã vitoriosa, porém, é ser curado de nossas feridas e permanecer gentis e flexíveis em nossas emoções. A vitória é mais do que não fazer algo errado. É fazer o que é certo.

A Igreja causa dor

Sou um professor itinerante no Corpo de Cristo. Em todos os lugares em que eu vou, vejo mais sofrimento do que nos últimos vinte anos de ministério. As causas do sofrimento são muitas e variadas, e ninguém está imune. Até mesmo crentes maduros, experimentados, estão sujeitos a vários tipos de dor, geralmente por causa de tentativas de se relacionar com outros crentes ou por causa de abusos causados por líderes imaturos e que também ainda não experimentaram cura.

Há outros tipos de dores também. Desilusões, enfermidades, traições, reveses financeiros, tensões nos relacionamentos, crises familiares e muitas outras adversidades causam sofrimento interno. Quando você acrescenta a tudo isso o fato de que muitos de nós estamos arrastando emoções negativas, desde a nossa infância, que foram sufocadas ou apenas parcialmente liberadas, o sofrimento, em muitos casos, se torna quase insuportável.

Muitos cristãos, assim como seus pares não cristãos, levam vidas cheias de sofrimento e buscam alívio em práticas religiosas, em vez de experimentar a cura por meio do relacionamento com Deus. Isso mantém todos os relacionamentos num nível superficial, não apenas no ambiente de trabalho, mas também na Igreja. Será que ousaremos confiar em alguém de novo? Cautelosamente derrubamos alguns tijolos de nossas paredes emocionais para alguém que *ganhou* nossa confiança e somente um pouco de cada vez. **Relacionamentos deteriorados** são um dos resultados de dor suprimida.

Outra coisa ruim a respeito de emoções negativas é como elas nos tornam vulneráveis à **opressão demoníaca**. Elas são um convite a toda sorte de espíritos maus a destruir o nosso equilíbrio espiritual. Era a isso que Paulo estava se referindo, eu creio, quando ele nos disse: "Não se deixem vencer pelo mal. Ao contrário, vençam o mal com o bem". Se nós não vencermos as emoções negativas, atrairemos espíritos malignos e daremos espaço às suas sugestões em nossas vidas.

Um terceiro resultado da dor suprimida são as **enfermidades físicas**. Nem toda doença se deve a emoções negativas, mas algumas sim. O homem mais sábio escreveu:

> O coração em paz dá vida ao corpo, mas a inveja apodrece os ossos. O coração bem disposto é remédio eficiente, mas o espírito oprimido resseca os ossos.
>
> Pv 14.30; 17.22

Um quarto resultado do sofrimento que não foi tratado são **atitudes e comportamentos pecaminosos**. A Palavra de Deus claramente condena a falta de perdão, a vingança, a retaliação, a fofoca, a inveja, o ciúme, a calúnia, o assassinato e outras reações negativas a emoções negativas. *Se desejamos a verdadeira santidade, devemos buscar a verdadeira integridade.*

Capaz de expressar emoções

Quanto a mim, eu quero ser capaz de expressar plenamente minhas emoções e de me relacionar com liberdade. Quero interagir com os outros na base de emoções reais e conscientes. Essa é a recompensa da vida. Quantos pais não têm *realmente* prazer em seus filhos por causa de suas próprias limitações emocionais? Quantos pastores não têm *realmente* prazer em suas congregações pelo mesmo motivo? Muitos pastores são artificiais em seus relacionamentos com o rebanho. Eles levantam paredes interiores e se recusam a derrubá-las para a maioria das pessoas. Eles mantêm a todos, até mesmo a própria família, a distância, à medida que conduzem um ministério sério e profissional, e até mesmo às vezes, ungido. *Tudo isso é uma tentativa de se proteger para não sentir a dor real de se envolver no ministério.* É triste, mas essa atitude também os impede de sentir a verdadeira alegria envolvida no ministério. A incapacidade de sentir é uma das principais razões de termos tantos homens calejados nos púlpitos da América. Não é um problema somente espiritual; é emocional, também.

Um dos maiores ministros da história da Igreja foi o Apóstolo Paulo. Os teólogos geralmente elogiam seu intelecto, mas as cartas de Paulo também estão cheias de declarações emocionais. Paulo não era artificial emocionalmente, nem raso ou superficial em seus relacionamentos. Ele amava Timóteo como a um filho, Silas como a um irmão, e cuidadosamente zelava por seus filhos na fé como uma "ama" (1 Ts 2.7). Seu coração estava "unido em amor", como ele descreveu, àqueles a quem ele servia (Cl 2.2). "Eu os tenho em meu coração", ele escreveu (Fp 1.7). Paulo se importava com as pessoas. Ele não as usava (ver At 20.33,34; 2 Ts 3.7,8). Todo o seu ministério se baseava em seu amor por aqueles a quem conhecia, com quem ele compartilhava afeições mútuas e profundas. Suas alegrias e tristezas eram reais:

> Escrevi como escrevi para que, quando eu for, não seja entristecido por aqueles que deveriam alegrar-me. Estava confiante em que todos vocês *compartilhariam* da **minha alegria**. Pois eu lhes escrevi com grande aflição e angústia de coração, e com **muitas lágrimas**...
>
> 2 Co 2.3,4

> Por isso, vigiem! Lembrem-se de que durante três anos jamais cessei de advertir cada um de vocês disso, noite e dia, com lágrimas.
>
> At 20.31

> Alegro-me grandemente no Senhor, porque finalmente vocês renovaram o seu interesse por mim...
>
> Fp 4.10

Paulo era um homem de carne e osso com emoções reais. Ele não reprimia sua alegria nem sufocava sua dor. Ele liberava as duas. Paulo era como uma mangueira de jardim; ele não guardava nada dentro de si, ele extravasava tudo de um jeito santo e piedoso. Paulo, ao contrário do ditado de nossos dias, entendia que *homens de verdade choram sim*. Ele também sabia o que era rir (ver Rm 12.15). Isso impedia que ele se tornasse um ministro calejado como tantos representantes de Cristo, endurecidos, sob a liderança de quem a Igreja tem sofrido desde então. Essa qualidade também tornou Paulo imensamente querido. Os santos choraram quando ele lhes disse que nunca mais veriam seu rosto de novo (ver At 20.37,38). Que diferença marcante entre Paulo, o Apóstolo, e Saulo, o Fariseu. Lembre-se que esse era o mesmo homem cuja vida fora dominada por ódio religioso. "Enquanto isso, Saulo ainda respirava ameaças de morte contra os discípulos do Senhor. Dirigindo-se ao sumo sacerdote..." (At 9.1). Que diferença Jesus pode fazer em uma vida se houver espaço para Ele realizar Suas obras de cura e restauração, pela sua graça!

Paulo não era masoquista nem desejava sofrer, mas ele sabia que os sofrimentos eram uma força verdadeira que, ele disse, "me esperam" (At 20.23). Em vez de evitar o sofrimento, Paulo o aceitou e o expressou. Descobri que não posso aliviar meu sofrimento enquanto não aceitá-lo. Isso é verdade para todos nós: temos de deixar doer, e em nossa dor, voltar nossos corações mais totalmente a Deus. Além disso, em toda a história da humanidade, alguém já viveu uma vida sem nenhum sofrimento? Todos que tentaram evitar o sofrimento acabaram por sofrer ainda mais. Você pode ver isso nos olhos dos ricos e famosos e ouvir a dor na voz deles. Não há dinheiro, poder ou prestígio que possa fazer com que uma pessoa consiga evitar o sofrimento. Somente Deus é capaz de remover a dor de nossas vidas.

O sofrimento é inevitável, mas é possível aliviá-lo

Uma vez que o sofrimento é inevitável, parei de tentar evitá-lo. É inútil; tentar adiá-lo endurece nosso estado emocional que, por sua vez, transforma a vida em algo mecânico. Descobri que sempre que eu "sufoco", nego ou tento fugir do sofrimento; meus esforços são infrutíferos e meu sofrimento se prolonga como um pulsar lento e incessante. Em vez disso, descobri uma verdade que liberta: não posso evitar o sofrimento, mas posso *expressá-lo*. Ao expressar meu sofrimento a Jesus, experimento grande liberdade e alívio. Deve ser a mesma coisa que Paulo fez, pois ele disse: **"Porque para mim o viver é Cristo e o morrer é lucro (...) Tudo posso naquele que me fortalece"** (Fp 1.21; 4.13).

Sempre que sofro, tento ir ao Senhor logo (quanto mais cedo, melhor) e adorá-lo em meu sofrimento, ainda que seja a última coisa que eu sinta vontade de fazer. Durante a adoração, a percepção de Sua presença vem a mim como uma doce e suave melodia que então ofereço a Ele em louvor. Depois, perdoo o causador do meu sofrimento e peço perdão a Deus por tê-Lo entristecido de alguma forma, por eu ter reagido de forma pecaminosa em relação àquela adversidade. Oro pela(s) pessoa(s) que trouxe(ram) sofrimento à minha vida até não sentir mais vontade de me vingar ou dar o troco. Continuo pedindo a Deus que as abençoe até alegrar-me sinceramente com a vida delas. Não sobra nenhuma parede em pé, em relação a essas pessoas que me feriram, depois desse tipo de oração. Então, pergunto ao Senhor o que Ele quer me ensinar através desse sofrimento. Há algo que devo aprender? A essa altura, o sofrimento já diminuiu e a paz tomou seu lugar. Parafraseando Paulo: o Deus de todo consolo me conforta em toda minha aflição e sofrimento, para que eu possa consolar outros (ver 2 Co 1.3,4).

De alguma maneira, os diversos sofrimentos que experimento em minha vida aumentam minha capacidade de sentir a dor dos outros. Isso aumenta minha sensibilidade para com as pessoas, qualquer que seja o estágio de desenvolvimento em que se encontram, bem como minha compaixão e eficácia no ministério de ajuda em seu sofrimento. Os escritores antigos se referem a esse tipo de dor como *o sofrimento redentor*. Nosso Pai Celestial nos ama demais para permitir sofrimento desnecessário em nossas vidas. Porém, muito de nosso sofrimento é desnecessário porque é causado por nós mesmos. Poderíamos ter aprendido a lição do jeito mais fácil. Ainda assim, se aprendemos a lição, ganhamos, ainda que a tenhamos aprendido com os rostos corados de constrangimento. Deus pode usar e usa todo tipo de sofrimento para trabalhar em nós a natureza de Seu Filho. Jesus suportou sofrimento redentor, e nós também suportaremos, à medida que o seguirmos.

Às vezes, em minha dor, não estou disposto a ir para o Senhor imediatamente. Uma parte de mim gosta de "curtir" o sofrimento, ruminá-lo por um tempo e me distraio pensando o que eu poderia ter feito ou deveria ter dito para ficar quite com a pessoa. É claro que a autopiedade é pecado, tanto quanto o ressentimento, a vingança e a retaliação, mas é humano, embora não seja piedoso nutrir uma mágoa por um tempinho. Essa prática só aumenta o sofrimento, mas às vezes nos ajuda a finalmente ir até Jesus, depois de remoer a questão o máximo que pudermos.

Nesses momentos, conversar a respeito de meu sofrimento com Dianne ou com um amigo compreensivo tem sido útil para mim. Às vezes diminuo a complexidade de um problema tentando explicá-lo para um de meus filhos, que sempre parecem entender (eles não entendem) e suavizar meu sofrimento (isso eles fazem).

O amor é o melhor caminho

A forma mais libertadora de se lidar com mágoas, estou descobrindo, é aplicar a Lei Real (a lei do amor) às situações que causam sofrimento. Eu me pergunto: "O que o amor tem a dizer a respeito disso?" A Palavra de Deus responde: "O amor tudo sofre e é bondoso... o amor não leva em conta a falta praticada". Isso me deixa com uma escolha. Vou caminhar em amor ou chafurdar na autocomiseração? **Minha escolha é o fator determinante quanto à rapidez com que o sofrimento passará e a alegria voltará.**

Não ficaremos livres das amarras do sofrimento enquanto não perdoarmos de todo o nosso coração, e não podemos perdoar de todo o coração a menos que estejamos dispostos a amar (ver Mc 11.25,26).

A pior coisa que uma pessoa pode fazer com o sofrimento é "sufocá-lo". Isso só pode resultar em enfermidades emocionais e físicas que podem levar anos para serem vencidas. Por que passar por tudo isso? Em vez disso, perdoe todos os que lhe ofenderam e libere todas as frustrações da vida entregando-as ao Senhor por meio de sincera oração. Depois, recuse-se a ficar remoendo. Paulo era um assassino religioso antes de sua conversão, porém ele rogou aos santos: **"Concedam-nos lugar no coração de vocês. A ninguém prejudicamos, a ninguém causamos dano, a ninguém exploramos"** (2 Co 7.2). Ele provavelmente pregou a pessoas que ajudou a aprisionar durante seus dias de Fariseu, mas a graça o saturara tanto que ele não se sentia culpado. Isso foi motivo de relutância aos irmãos de Jerusalém: receber Saulo de Tarso como um irmão. Eles abrigavam ressentimento em seu coração para com ele. Mesmo os santos do Novo Testamento limitavam a graça de Deus. Barnabé, porém, transparente em seu espírito para com Saulo, conseguiu perceber a nova natureza nele. Barnabé levou Paulo diante dos apóstolos na tentativa de levar a Igreja a aceitá-lo como um crente companheiro na fé (ver At 9.26,27). Meu argumento é: talvez **eles não estivessem livres em relação a Paulo, mas Paulo estava livre em relação a eles.**

Davi, um homem segundo o coração de Deus, liberou sua dor através da oração e do louvor. "Este pobre homem clamou, e o Senhor *o* ouviu; e o libertou de todas as suas tribulações" (Sl 34.6). A versão *Fenton* (minha favorita dos Salmos) traduz assim:

> Clamei ao Senhor que me respondeu e me livrou dos meus temores. Eles o buscarão e terão luz e seus rostos não serão confundidos. "O Senhor ouviu este miserável, eles dirão, e o livrou de todas as suas angústias".
>
> Sl 34.5-7

Outro salmista afirmou de maneira semelhante:

> As cordas da morte me envolveram, as angústias do Sheol vieram sobre mim; aflição e tristeza me dominaram.

O que ele fez?

> **Então clamei pelo nome do Senhor: Livra-me, Senhor! O Senhor é misericordioso e justo; o nosso Deus é compassivo. O Senhor protege os simples; quando eu já estava sem forças, ele me salvou. Retorne ao seu descanso, ó minha alma, porque o Senhor tem sido bom para você!**
>
> Sl 116.3-7

Às vezes, o alívio é imediato. Outras vezes, temos de "trabalhar nosso sofrimento". Nesses períodos difíceis, *a melhor maneira de trabalhar nosso sofrimento é aplicar amor à situação*. Confesse amor à pessoa que o magoou. Demonstre amor a ela por meio de oração em secreto. Se o indivíduo lhe causou sofrimento extremo, então, compre um presente a ele, não importa o quanto isso lhe faça estremecer. Esse hábito nunca deixou de fazer maravilhas por mim e de abrir meu interior para a graça de Deus. Recebo muito mais de Deus do que dou ao meu ofensor.

Emoções negativas são o oposto do amor

Se você tivesse me perguntado anos atrás o que é o oposto do amor, eu teria respondido: "o ódio". Como vimos no capítulo anterior, entretanto, a cobiça também é o oposto do amor. E o que dizer sobre o medo? João nos diz que "No amor não há medo" (1 Jo 4.18). Então, o medo também é um dos opostos do amor. *Visto que "Deus é amor", tudo que é pecaminoso é um oposto do amor.* A preocupação e ansiedade são opostos do amor. Também o são a dúvida, a incredulidade, a culpa e a vergonha. **Não consegui encontrar uma emoção negativa sequer que não seja o oposto do amor.**

Anos atrás cheguei à conclusão anteriormente afirmada de que uma obra completa da graça nunca termina no aspecto negativo das coisas. É somente quando chegamos ao lado positivo que a obra de Deus naquela área de nossa vida está terminada. Por exemplo, vitória não é a ausência do medo, mas a presença de paz; não é a ausência de amargura, mas a plenitude do amor para com o transgressor. Vitória não é morder a língua quando adoraríamos responder mal a alguém; vitória é não retaliar internamente quando somos atacados verbalmente:

> Para isso vocês foram chamados, pois também Cristo sofreu no lugar de vocês, deixando-lhes exemplo, para que sigam os seus passos.
>
> *Ele não cometeu pecado algum,* **e nenhum engano foi encontrado em sua boca.**
>
> **Quando insultado, não revidava; quando sofria, não fazia ameaças,** mas entregava-se àquele que julga com justiça.
>
> 1 Pe 2.21-23

Jesus Cristo, que é chamado "Amor Perfeito", respondia aos seus agressores com amor, misericórdia e perdão. Era o amor em ação.

A vida fere. O amor cura

Neutralize suas emoções negativas antes que elas o neutralizem. **Permaneça eficaz no reino de Deus aplicando amor às experiências dolorosas da vida.**

Para sua reflexão

1. Você já conheceu algum cristão como Fred? _____
Como Don? _____

2. Por que a vida cristã pode, às vezes, ser especialmente dolorosa?
_____
_____

3. É possível "fechar-se" ou suprimir emoções negativas?
_____
_____

4. De que maneiras você tem suprimido as suas emoções?
_____
_____

5. Por que é perigoso sufocar a dor emocional?
_____
_____

6. Alguém já conseguiu, em toda a história da humanidade, evitar o sofrimento?
_____
_____

7. O sofrimento pode ser aliviado? _____ Como?
_____
_____

8. O apóstolo Paulo conseguia ter emoções e demonstrar seus reais sentimentos? _____ Ele sufocava suas emoções? _____ Ele sabia expressar suas emoções de maneira piedosa? _____

9. Paulo vivia sentindo culpa e vergonha dos aprisionamentos e assassinatos que ele causara a crentes antes de se converter? _____
Você pode citar um versículo bíblico que fundamente sua opinião?
_____
_____

10. Todo sofrimento é desnecessário e inútil? Se não, que tipo de sofrimento é útil?
_____
_____

11. Como Davi expressava suas emoções negativas?
_____
_____

12. Preencha o espaço em branco (uma palavra): "Emoções negativas são o _____ do amor".

Capítulo Catorze

NOSSA JORNADA EM DIREÇÃO AO AMOR

> Para você a vida deve sempre ser um Romance Divino, um drama de tirar o fôlego, um cortejo colorido, uma marcha e uma aventura sem fim, com marés vazantes e vales desnudos, com interlúdios estéreis entretecidos como contraste e pano de fundo onde as vitórias existem para brilhar com mais esplendor.
>
> STARR DAILY

Quando a jornada começou?

NOSSA JORNADA EM DIREÇÃO AO amor começou muito antes do nascimento. O Criador nos amou antes que nossos pais nos concebessem e antes que qualquer pessoa, além Dele, soubesse que nós existiríamos. Paulo ensina que Deus nos escolheu antes da fundação do mundo e que foi em amor que Ele nos escolheu para sermos Seus filhos (ver Ef 1.4,5). Ele derramou seu amor sobre nós, então, muito antes do tempo existir, e escreveu nossos nomes no Livro da Vida (ver Ap 13.8). Verdadeiramente, tal conhecimento é elevado demais para nós; não conseguimos entendê-lo, mas é verdade, porque Ele assim o diz.

Ele escolheu nossos pais para nós, a terra onde iríamos viver e a cor de nossa pele. Tudo "conforme o plano daquele que faz todas as coisas segundo o propósito da sua vontade" (Ef 1.11). Nós nos rebelamos contra seus planos de amor para nossas vidas. Ele permitiu que seguíssemos nosso próprio caminho para que cada um de nós chegasse ao fim de nós mesmos e abríssemos nosso coração para receber Seu amor. Quebrados e dilacerados, fomos a Ele e então aconteceu.

Num lampejo brilhante, o milagre da salvação aconteceu e nos tornamos conscientes, como nunca antes, de que Alguém muito especial nos ama. Nossos corações se aqueceram com esse conhecimento e a própria natureza parecia se regozijar conosco na grandeza do Deus de amor.

Depois de algum tempo, porém, os problemas surgiram. "A escuridão parecia ocultar Seu rosto", à medida que éramos sacudidos por dúvidas e medos. Mas, então, aconteceu de novo. Fomos despertados por nosso Pai para uma nova compreensão de Seu amor especial. Mais uma vez entendemos que sabíamos que éramos amados e prometemos a nós mesmos que nunca nos esqueceríamos disso. E não nos esquecemos, por algum tempo. Então, o ciclo se repetiu novamente, e de novo Seu amor brilhou sobre nossos corações aflitos.

Dessa vez, nossa compreensão do amor ágape foi mais profunda do que havia sido antes e nosso reconhecimento e gratidão por ele foi ainda maior. A adoração ao nosso Deus se tornou mais significativa do que antes. Nossas expressões de Seu amor se tornaram mais evidentes para as pessoas próximas de nós. Nossa jornada em direção ao amor curou feridas acumuladas ao longo da vida e abriu nosso interior para uma nova percepção da magnitude do amor de nosso Pai. Dissemos a nós mesmos: "Esse amor é vasto como as ondas do oceano. Esse amor é brilhante como os raios do sol". Agora, parecia que, como se fosse a primeira vez, que nós entendíamos o amor. Era como se tivéssemos sido acordados de um profundo sono e tivéssemos exclamado com João: **"Eis, com que grande amor o Pai tem nos amado!"**. Nossa alegria quase não podia ser contida à medida que nos aconchegávamos no amor do Pai.

Mas, então, nossa percepção de Seu amor esfriou de novo devido às pressões, problemas e lutas da vida. Embora não tivéssemos afundado tanto no desespero quanto das outras vezes, percebemos que havíamos perdido algo que outrora possuíramos. Mas, mais uma vez em oração e arrependimento, Seu amor jorrou sobre nós de novo. E nosso reconhecimento, nossa adoração e nosso amor ascenderam a Ele mais uma vez em novas alturas de alegria. As alturas eram ainda maiores do que haviam sido antes.

Entendemos, juntamente com Paulo, que, estando firmados e arraigados em amor, nós talvez possamos compreender com todos os santos qual a largura, o comprimento, a profundidade e a altura do amor. E possamos conhecer **o amor de Cristo, que ultrapassa o entendimento**, para que sejamos cheios de toda a plenitude de Deus (ver Ef 3.17-19).

E, mais: passamos a entender que **nada pode nos separar do amor de Cristo**: nem tribulação, nem angústia ou perseguição, nem fome ou nudez, perigo ou espada. Não! Em todas essas coisas somos mais do que vencedores por **aquele que nos amou**. Fomos convencidos de que nem a morte, nem a vida, nem anjos, nem principados, nem potestades, coisas do presente ou do porvir, nem altura, ou profundidade, nem qualquer outra criatura, jamais poderiam nos separar do amor de Deus, que está em Jesus Cristo nosso Senhor (ver Rm 8.35,37,38,39).

Essa compreensão intensificou nossa adoração como nunca antes. Mas ainda não era suficiente. As pessoas à nossa volta notaram a mudança em nossas vidas, nós nos sentimos plenamente assegurados do amor de Deus em nossos corações e, ainda assim, não era suficiente, nem nunca será nesta vida. *Nós temos uma fome insaciável de amor, uma fome que nunca é permanentemente satisfeita.* Não quero dizer que sempre estamos famintos, que nunca nos sentimos cheios, mas que nosso apetite aumenta com cada demonstração de amor. Nossa capacidade de receber e expressar amor aumenta continuamente. Isso é óbvio, mas por quê?

Acordei um dia para escutar: **"A eternidade foi idealizada para explorar a vastidão do Deus de amor"**. Quanto a mim, mal posso esperar: uma jornada eterna em direção ao amor de Deus! Deus é amor e Deus é infinito. O "Amor" despejará Seu amor em nós por toda a eternidade. O mesmo amor que Cristo desfrutou antes da fundação do mundo, desde a eternidade, é nosso para usufruirmos por toda a eternidade. O amor que não tem fim. No final de João, capítulo dezessete, Jesus orou:

> Pai, quero que os que me deste estejam comigo onde eu estou e vejam
> a minha glória, a glória que me deste porque me
> amaste antes da criação do mundo...
> Eu os fiz conhecer o teu nome,
> e continuarei a fazê-lo,
> a fim de que o amor
> que tens por mim
> esteja neles,
> e eu neles
> esteja.

Para sua reflexão

1. Você acha que é possível entender, compreender e receber plenamente todo o amor que Deus tem por nós deste lado da eternidade?

_____
_____
_____

2. Qual é um dos propósitos da eternidade?

_____
_____
_____

3. Que texto(s) bíblico(s) ensina(m) que o Pai amou o Filho antes que o tempo existisse?

_____
_____
_____

4. Você já experimentou um despertar pessoal para o amor? _____ Você já experimentou mais de um despertar? _____ Você estava num ponto baixo de sua vida quando Deus o despertou para Seu amor? (descreva abaixo).

_____
_____
_____

Apêndice

ESCRITURAS BÍBLICAS SOBRE O AMOR

MEDITE SOBRE OS VERSÍCULOS abaixo, a fim de chegar a uma compreensão mais profunda e permanente a respeito do amor do PAI por Seu Filho, por todos os seus filhos, e a nossa responsabilidade de amar a Deus e uns aos outros. Minhas ênfases foram colocadas em **negrito**. Todas as referências estão na Nova Versão Internacional:

[...] porque eu, o Senhor, o teu Deus, sou Deus zeloso, que castigo os filhos pelo pecado de seus pais até a terceira e quarta geração daqueles que me desprezam, mas **trato com bondade** até mil gerações **os que me amam** e obedecem aos meus mandamentos. (Dt 5.9-10)

O Senhor não **se afeiçoou** a vocês nem os escolheu por serem mais numerosos do que os outros povos, pois vocês eram o menor de todos os povos. Mas foi **porque o Senhor os amou** e por causa do juramento que fez aos seus antepassados. Por isso, Ele os tirou com mão poderosa e os redimiu da terra da escravidão, do poder do faraó, rei do Egito. (Dt 7.7-8)

No entanto, o Senhor, o seu Deus, não atendeu Balaão, e **transformou a maldição em bênção** para vocês, **pois o Senhor, o seu Deus, os ama.** (Dt 23.5)

O Senhor, o seu Deus, dará um coração fiel a vocês e aos seus descendentes, **para que o amem de todo o coração e de toda a alma** e vivam. (Dt 30.6)

Eu te amo, ó Senhor, minha força. (Sl 18.1)

Eu amo o Senhor, porque Ele me ouviu quando lhe fiz a minha súplica. (Sl 116.1)

Ele me levou ao salão de banquetes, e o **seu estandarte sobre mim é o amor.** (Ct 2.4)

Coloque-me como um selo sobre o seu coração; como um selo sobre o seu braço; **pois o amor é tão forte quanto a morte**, e o ciume é tão inflexível quanto a sepultura. Suas brasas são fogo ardente, são labaredas do Senhor. **Nem muitas águas conseguem apagar o amor; os rios não conseguem levá-lo na correnteza. Se alguém oferecesse todas as riquezas da sua casa para adquirir o amor, seria totalmente desprezado.** (Ct 8.6-7)

A noite toda **procurei em meu leito aquele a quem o meu coração ama,** mas não o encontrei. Vou levantar-me agora e percorrer a cidade, irei por suas ruas e praças; buscarei aquele a quem o meu coração ama. **Eu o procurei, mas não o encontrei.** (Ct 3.1-2)

Falarei da bondade do Senhor, dos seus gloriosos feitos, por tudo o que o Senhor fez por nós, sim, de quanto bem ele fez à nação de Israel, conforme a sua compaixão e a grandeza da sua bondade. (Is 63.7)

Ninguém pode servir a dois senhores, pois **odiará um e amará o outro,** ou se dedicará a um e desprezará o outro. Vocês não podem servir a Deus e ao dinheiro. (Mt 6.24)

Quando Jesus saiu do barco e viu tão grande multidão, **teve compaixão deles** e curou os seus doentes. (Mt 14.14)

Jesus não o permitiu, mas disse: "Vá para casa, para sua família e anuncie-lhes o quanto o Senhor fez por você e **como teve misericórdia de você**". (Mc 5.19)

Quando Jesus saiu do barco e viu uma grande multidão, **teve compaixão deles,** porque eram como ovelhas sem pastor. Então começou a ensinar-lhes muitas coisas. (Mc 6.34)

Jesus olhou para ele e o amou. "Falta-lhe uma coisa", disse ele. "Vá, venda tudo o que você possui e dê o dinheiro aos pobres, e você terá um tesouro no céu. Depois, venha e siga-me." (Mc 10.21)

Respondeu Jesus: "O mais importante é este: 'Ouça, ó Israel, o Senhor, o nosso Deus, o Senhor é o único Senhor. Ame o Senhor, o seu Deus, de todo coração, de toda alma, de todo entendimento e com todas forças'. O segundo é este: 'Ame o seu próximo como a si mesmo'. Não existem mandamentos maiores do que esses". (Mc 12.29-31)

Portanto, eu lhe digo, os muitos pecados dela lhe foram perdoados; **pois ela amou muito.** Mas aquele a quem pouco foi perdoado, pouco ama. (Lc 7.47)

Porque Deus tanto amou o mundo **que deu** o seu Filho unigênito, para que todo o que nele crer não pereça, mas tenha vida eterna. (Jo 3.16)

Pois o Pai ama ao Filho e lhe mostra tudo o que faz. Sim, para admiração de vocês, ele lhe mostrará obras ainda maiores do que essas. (Jo 5.20)

Por isso é que **meu Pai me ama,** porque eu dou a minha vida para retomá-la. (Jo 10.17)

Então as irmãs de Lázaro mandaram dizer a Jesus: **"Senhor, aquele a quem amas está doente".** (Jo 11.3)

"**Um novo mandamento** lhes dou: **Amem-se uns aos outros. Como eu os amei,** vocês devem amar-se uns aos outros. Com isso **todos saberão** que vocês são meus discípulos, **se vocês se amarem** uns aos outros". (Jo.13.34-35)

"Se vocês me amam, obedecerão aos meus mandamentos". (Jo 14.15)

"Quem tem os meus mandamentos e lhes obedece, esse é o que me ama. **Aquele que me ama será amado por meu Pai, e eu também o amarei** e me revelarei a ele". (Jo 14.21)

Respondeu Jesus: "**Se alguém me ama, obedecerá à minha palavra**. Meu Pai o amará, nós viremos a Ele e faremos morada Nele. **Aquele que não me ama não obedece às minhas palavras**. Essas palavras que vocês estão ouvindo não são minhas; são de meu Pai que me enviou". (Jo 14.23-24)

"**Como o Pai me amou, assim eu os amei;** permaneçam no meu amor. **Se vocês obedecerem aos meus mandamentos, permanecerão no meu amor**, assim como tenho obedecido aos mandamentos de meu Pai e em Seu amor permaneço". (Jo 15.9-10)

O meu mandamento é este: **Amem-se uns aos outros como eu os amei**. Ninguém tem maior amor do que aquele que dá a vida pelos seus amigos. (Jo 15.12-13)

Este é o meu mandamento: **amem-se uns aos outros.** (Jo 15.17)

[...] **pois o próprio Pai os ama**, porquanto vocês me amaram e creram que eu vim de Deus. (Jo 16.27)

[...] eu neles e tu em mim. Que eles sejam levados à plena unidade, para que o mundo saiba que **Tu** me enviaste, e **os amastes como igualmente me amaste**. "Pai, quero que os que me deste estejam comigo onde eu estou e vejam a minha glória, a glória que me deste porque me amaste antes da criação do mundo". (Jo 17.23-24)

Eu os fiz conhecer o teu nome, e continuarei a fazê-lo a fim de que **o amor que tens por mim esteja neles,** e eu neles esteja. (Jo 17.26)

Depois de comerem, Jesus perguntou a Simão Pedro: "Simão, filho de João, **você me ama** mais do que estes?" Disse ele: "Sim, Senhor, tu sabes que te amo". Disse Jesus: "Cuide dos meus cordeiros". Novamente Jesus disse: "Simão, filho de João, **você me ama?**" Ele respondeu: "Sim, Senhor, tu sabes que te amo". Disse Jesus: "Pastoreie as minhas ovelhas". Pela terceira vez, ele lhe disse: "Simão, filho de João, **você me ama?**" Pedro ficou magoado por Jesus ter-lhe perguntado pela terceira vez "Você me ama?" e lhe disse: "Senhor, tu sabes todas as coisas e sabes que te amo". Disse-lhe Jesus: "Cuide das minhas ovelhas". (Jo 21.15-17)

E a esperança não nos decepciona, **porque Deus derramou seu amor em nossos corações, por meio do Espírito Santo** que ele nos concedeu. (Rm 5.5)

Mas Deus demonstra seu amor por nós: Cristo morreu em nosso favor quando ainda éramos pecadores. (Rm 5.8)

Quem nos separará do **amor de Cristo?** Será tribulação, ou angústia, ou perseguição, ou fome, ou nudez, ou perigo, ou espada? Como está escrito: "Por amor de ti, enfrentamos a morte todos os dias; somos considerados como ovelhas destinadas ao matadouro". Mas, em todas estas coisas somos mais que vencedores, **por meio daquele que nos amou.** Pois estou convencido de que nem morte nem vida, nem anjos nem demônios, nem o presente nem o futuro, nem quaisquer poderes, nem altura nem profundidade, nem qualquer outra coisa na criação será capaz de nos separar **do amor de Deus que está em Cristo Jesus, nosso Senhor.** (Rm 8.35-39)

O amor deve ser sincero [...] (Rm 12.9)

Não devam nada a ninguém, a não ser o amor de uns pelos outros, pois aquele que ama seu próximo tem cumprido a lei. Pois estes mandamentos: "Não adulterarás", "não matarás", "não furtarás", "não cobiçarás", e qualquer outro mandamento, todos se resumem neste preceito: "Ame o seu próximo como a si mesmo". O amor não pratica o mal contra o próximo. Portanto, o amor é o cumprimento da lei. (Rm 13. 8-10)

Se o seu irmão se entristece devido ao que você come, **você já não está agindo por amor.** Por causa da sua comida, não destrua seu irmão, por quem Cristo morreu. (Rm 14.15)

Com respeito aos alimentos sacrificados aos ídolos, sabemos que todos temos conhecimento. **O conhecimento traz orgulho, mas o amor edifica.** (1 Co 8.1)

Ainda que eu fale as línguas dos homens e dos anjos, se não tiver amor, serei como o sino que ressoa ou como o prato que retine. Ainda que eu tenha o dom da profecia e saiba todos os mistérios e todo o conhecimento, e tenha uma fé capaz de mover montanhas, mas se não tiver amor, nada serei. Ainda que eu dê aos pobres tudo o que possuo e entregue o meu corpo para ser queimado, mas se não tiver amor, nada disso me valerá. O amor é paciente, o amor é bondoso. Não inveja, não se vangloria, não se orgulha. Não maltrata, não procura seus interesses, não se ira facilmente, não guarda rancor. O amor não se alegra com a injustiça, mas se alegra com a verdade. Tudo sofre, tudo crê, tudo espera, tudo suporta. O amor nunca perece, mas as profecias desaparecerão, as línguas cessarão, o conhecimento passará. Pois em parte conhecemos e em parte profetizamos; quando, porém, vier o que é perfeito, o que é imperfeito desaparecerá. Quando eu era menino, falava como menino, pensava como menino e raciocinava como menino. Quando me tornei homem, deixei para trás as coisas de menino. Agora, pois, vemos apenas um reflexo obscuro, como em espelho; mas, então, veremos face a face. Agora conheço em parte; então, conhecerei plenamente, da mesma forma como sou plenamente conhecido. Assim, permanecem agora estes três: a fé, a esperança e o amor. O maior deles, porém, é o amor. Sigam o caminho do amor e busquem com dedicação os dons espirituais, principalmente o dom da profecia. (1 Co 13.1-14.1)

Pois o amor de Cristo nos constrange, porque estamos convencidos de que um morreu por todos; logo, todos morreram. E ele morreu por todos para que **aqueles que vivem já não vivam mais para si mesmos**, mas para aquele que por eles morreu e ressuscitou. (2 Co 5.14-15)

Pelo contrário, como servos de Deus, recomendamo-nos **de todas as formas**: [...] **no amor sincero**; (2 Co 6.4-6)

A graça do Senhor Jesus Cristo, **o amor de Deus** e a comunhão do Espírito Santo sejam **com todos vocês**. (2 Co 13.14)

[...] A vida que agora vivo no corpo, vivo-a pela fé no filho de Deus, **que me amou e se entregou por mim.** (Gl 2.20)

Porque em Cristo Jesus nem circuncisão nem incircuncisão têm efeito algum, mas sim a **fé que atua pelo amor.** (Gl 5.6)

Irmãos, vocês foram chamados para a liberdade. Mas não usem a liberdade para dar ocasião à vontade da carne; pelo contrário, **sirvam uns aos outros mediante o amor**. Toda a lei se resume num só mandamento: "Ame o seu próximo como a si mesmo". (Gl 5.13-14)

Mas o fruto do Espírito é amor, alegria, paz, paciência, amabilidade, bondade, fidelidade, mansidão e domínio próprio. Contra essas coisas não há lei. (Gl 5.22-23)

Bendito seja o Deus e Pai de nosso Senhor Jesus Cristo, que nos abençoou com todas as bênçãos espirituais nas regiões celestiais em Cristo. Porque Deus nos escolheu nele antes da criação do mundo, **para sermos santos e irrepreensíveis em sua presença**. Em amor nos predestinou para sermos adotados como filhos por meio de Jesus Cristo, conforme o bom propósito da sua vontade, para o louvor da sua gloriosa graça, **a qual nos deu gratuitamente no Amado**. (Ef 1.3-6)

Todavia, Deus, que é rico em misericórdia, **pelo grande amor com que nos amou**, deu-nos vida juntamente com Cristo, quando ainda estávamos mortos em transgressões — pela graça vocês são salvos. (Ef 2.4-5)

Para que Cristo habite em seus corações mediante a fé; e oro para que vocês, **arraigados e alicerçados em amor**, possam, juntamente com todos os santos, compreender a largura, o comprimento, a altura e a profundidade, e conhecer o amor de Cristo que excede todo conhecimento, para que vocês sejam cheios de toda a plenitude de Deus. (Ef 3.17-19)

Como prisioneiro no Senhor, rogo-lhes que vivam de maneira digna da vocação que receberam. Sejam completamente humildes e dóceis, e sejam pacientes, suportando uns aos outros com amor. (Ef 4.1-2)

Portanto, sejam imitadores de Deus, como filhos amados, e vivam em amor, como também Cristo nos amou e se entregou por nós como oferta e sacrifício de aroma agradável a Deus. (Ef 5.1-2)

Maridos, amem suas mulheres, assim como Cristo amou a igreja e entregou-se a si mesmo por ela para santificá-la, tendo-a purificado pelo lavar da água mediante a palavra, e apresentá-la a si mesmo como igreja gloriosa, sem mancha nem ruga ou coisa semelhante, mas santa e inculpável. Da mesma forma, **os maridos devem amar as suas mulheres como a seus próprios corpos. Quem ama sua mulher, ama a si mesmo.** (Ef 5.25-28)

A graça seja com todos os que amam a nosso Senhor Jesus Cristo com amor incorruptível. (Ef 6.24)

Esta é a minha oração: que o amor de vocês aumente cada vez mais em conhecimento e em toda a percepção. (Fp 1.9)

Se por estarmos em Cristo, nós temos alguma motivação, **alguma exortação de amor**, alguma comunhão no Espírito, alguma profunda afeição e compaixão, completem a minha alegria, **tendo** o mesmo modo de pensar, **o mesmo amor,** um só espírito e uma só atitude. (Fp 2.1-2)

Sempre agradecemos a Deus, o Pai de nosso Senhor Jesus Cristo, quando oramos por vocês, pois temos ouvido falar da fé que vocês têm em Cristo Jesus e do amor por todos os santos, que também nos falou do amor que vocês têm no Espírito. (Cl 1.3,4,8)

Acima de tudo, porém, **revistam-se do amor**, que é o elo perfeito. (Cl 3.14)

Sempre damos graças a Deus por todos vocês, mencionando-os em nossas orações. Lembramos continuamente, diante de nosso Deus e Pai, o que vocês têm demonstrado: o trabalho que resulta da fé, **o esforço motivado pelo amor** e a perseverança proveniente da esperança em nosso Senhor Jesus Cristo. (1 Ts 1.2-3)

Sentindo, assim, **tanta afeição por vocês,** decidimos dar-lhes não somente o evangelho de Deus, mas também a nossa própria vida, **porque vocês se tornaram muito amados por nós.** (1 Ts 2.8)

Que o Senhor faça crescer e **transbordar o amor** que vocês têm uns para com os outros e para com todos, a exemplo do nosso amor por vocês. (1 Ts 3.12)

Quanto ao amor fraternal, não precisamos escrever-lhes, **pois vocês mesmos já foram ensinados por Deus a se amarem uns aos outros.** E, de fato, vocês amam a todos os irmãos em toda a Macedônia. Contudo, irmãos, insistimos com vocês que cada vez mais assim procedam. (1 Ts 4.9-10)

Agora lhes pedimos, irmãos, que tenham consideração para com os que se esforçam no trabalho entre vocês, que os lideram no Senhor e os aconselham. **Tenham-nos na mais alta estima, com amor,** por causa do trabalho deles. Vivam em paz uns com os outros. (1 Ts 5.12-13)

Irmãos, devemos sempre dar graças a Deus por vocês; e isso é apropriado, porque a fé que vocês têm cresce cada vez mais, **e muito aumenta o amor que todos vocês têm uns pelos outros.** (2 Ts 1.3)

Que o Senhor conduza os seus corações ao amor de Deus e à perseverança de Cristo. (2 Ts 3.5)

Contudo, a graça de nosso Senhor transbordou sobre mim, juntamente com a fé e o amor que estão em Cristo Jesus. (1 Tm 1.14)

Pois Deus não nos deu espírito de covardia, mas de poder, **de amor** e de equilíbrio. (2 Tm 1.7)

Assim, poderão orientar as mulheres mais jovens **a amarem seus maridos e seus filhos...** (Tt 2.4)

Mas quando se manifestaram a bondade e **o amor pelos homens da parte de Deus, nosso Salvador,** não por causa de atos de justiça por nós praticados, mas devido à sua misericórdia, ele nos salvou pelo lavar regenerador e renovador do Espírito Santo... (Tt 3.4-5)

Sempre dou graças a meu Deus, lembrando-me de você nas minhas orações, porque ouço falar da sua fé no Senhor Jesus e do seu amor por todos os santos. (Fm 4-5)

Porque Deus não é injusto para ficar esquecido do vosso **trabalho e do amor** que evidenciastes para com o seu nome, pois servistes e ainda servis aos santos. (Hb 6.10)

E consideremo-nos uns aos outros para **incentivar-nos ao amor** e às boas obras. (Hb 10.24)

Vocês se esqueceram da palavra de ânimo que ele lhes dirige como a filhos: "Meu filho, não despreze a disciplina do Senhor, nem se magoe com a sua repreensão, pois o Senhor disciplina a quem ama, e castiga todo aquele a quem aceita como filho". (Hb 12.5-6)

Agora que vocês purificaram as suas vidas pela obediência à verdade, visando **ao amor fraternal e sincero, amem sinceramente uns aos outros** e de todo o coração. (1 Pe 1.22)

Quanto ao mais, tenham todos o mesmo modo de pensar, sejam compassivos, **amem-se fraternalmente**, sejam misericordiosos e humildes. (1 Pe 3.8)

Sobretudo, amem-se sinceramente uns aos outros, porque o amor perdoa muitíssimos pecados. (1 Pe 4.8)

Se vocês de fato **obedecerem à lei real** encontrada na Escritura que diz: "Ame o seu próximo como a si mesmo", estarão agindo corretamente. Mas se tratarem os outros com favoritismo, estarão cometendo pecado e serão condenados pela Lei como transgressores. (Tg 2.8-9)

Mas **se alguém obedece à sua palavra, nele verdadeiramente o amor de Deus está aperfeiçoado.** Desta forma sabemos que estamos nele... (1 Jo 2.5)

Quem ama seu irmão permanece na luz, e nele não há causa de tropeço. Mas quem odeia seu irmão está nas trevas e anda nas trevas; não sabe para onde vai, porque as trevas o cegaram. (1 Jo 2.10-11)

Vejam **como é grande o amor que o Pai nos concedeu:** que fôssemos chamados filhos de Deus, o que de fato somos! Por isso o mundo não nos conhece, porque não o conheceu. (1 Jo 3.1)

Desta forma sabemos quem são os filhos de Deus e quem são os filhos do diabo: quem não pratica a justiça não procede de Deus; **e também quem não ama seu irmão.** (1 Jo 3.10)

Esta é a mensagem que vocês ouviram desde o princípio: **que nos amemos uns aos outros**. (1 Jo 3.11)

Sabemos que já passamos da morte para a vida porque **amamos nossos irmãos**. Quem não ama permanece na morte. Quem odeia seu irmão é assassino... Nisto **conhecemos o que é o amor: Jesus Cristo deu a sua vida** por nós, e devemos dar a nossa vida por nossos irmãos. Se alguém tiver recursos materiais e, vendo seu irmão em necessidade, não se compadecer dele, como pode permanecer nele o amor de Deus? Filhinhos, não **amemos** de palavra nem de boca, mas **em ação e em verdade.** (1 Jo 3.14, 15a, 16, 17,18).

E este é o seu mandamento: que creiamos no nome de seu Filho Jesus Cristo e que nos **amemos uns aos outros**, como ele nos ordenou. (1 Jo 3.23)

Amados, **amemo-nos uns aos outros,** pois o amor procede de Deus. **Aquele que ama é nascido de Deus** e conhece a Deus. Quem não ama não conhece a Deus, porque Deus é amor. (1 Jo 4.7-8)

Foi assim que **Deus manifestou o seu amor entre nós**: enviou o seu Filho Unigênito ao mundo, para que pudéssemos viver por meio dele. (1 Jo 4.9)

Nisto consiste o amor: não em que nós tenhamos amado a Deus, mas em que **ele nos amou e enviou seu Filho** como propiciação pelos nossos pecados. (1 Jo 4.10)

Amados, visto que **Deus assim nos amou,** nós também devemos amarnos uns aos outros. (1 Jo 4.11)

Ninguém jamais viu a Deus; **se nos amarmos uns aos outros, Deus permanece em nós,** e o seu amor está aperfeiçoado em nós. (1 Jo 4.12)

Assim conhecemos **o amor que Deus tem por nós** e confiamos nesse amor. **Deus é amor.** Todo aquele que permanece no amor permanece em Deus, e Deus nele. (1 Jo 4.16)

No amor não há medo; pelo contrário, o perfeito amor expulsa o medo, porque o medo supõe castigo. Aquele que tem medo não está aperfeiçoado no amor. (1 Jo 4.18)

Nós amamos porque **ele nos amou primeiro**. (1 Jo 4. 19)

Se alguém afirmar: "Eu amo a Deus", mas odiar seu irmão, é mentiroso, pois quem não ama seu irmão, a quem vê, não pode amar a Deus, a quem não vê. Ele nos deu este mandamento: **Quem ama a Deus, ame também seu irmão.** Todo aquele que crê que Jesus é o Cristo é nascido de Deus, e **todo aquele que ama o Pai ama também ao que dele foi gerado.** Assim sabemos que amamos os filhos de Deus: amando a Deus e obedecendo aos seus mandamentos. (1 Jo 4.20–5.2)

O PRESBÍTERO ao amado Gaio, **a quem amo na verdade**. (3 Jo 1)

Edifiquem-se, porém, amados, na santíssima fé que vocês têm, **orando no Espírito Santo. Mantenham-se no amor de Deus**, enquanto esperam que a misericórdia de nosso Senhor Jesus Cristo os leve para a vida eterna. (Jd 20,21)

[...] **Ele que nos ama** e nos libertou dos nossos pecados por meio do seu sangue, e nos constituiu reino e sacerdotes para servir a seu Deus e Pai. **A ele** sejam **glória** e poder para todo o sempre! Amém. (Ap 1.5-6)

Contra você, porém, tenho isto: **você abandonou o seu primeiro amor.** (Ap 2.4)

Repreendo e disciplino aqueles que eu amo. Por isso, seja diligente e arrependa-se. (Ap 3.19)